О.В. Джежелей

ЧТЕНИЕ И ЛИТЕРАТУРА

3 класс

Учебник в трёх частях
Часть третья

Рекомендовано
Министерством образования и науки
Российской Федерации

6-е издание, стереотипное

Дрофа

Москва · 2007

УДК 373.167.1:82
ББК 83.8я71
Ч-77

Автор-составитель *О. В. Джежелей*

О. В. Джежелей. Учебно-методический комплект «Чтение и литература»

1. Азбука.
2. Прописи. № 1, 2, 3, 4 (*автор Н. Г. Агаркова*).
3. Учебник по чтению в период обучения грамоте. 1 класс.
4. Учебник. 1 класс. Ч. 1, 2.
5. Учебник. 2 класс. Ч. 1, 2, 3.
6. Учебник. 3 класс. Ч. 1, 2, 3.
7. Учебник. 4 класс. Ч. 1, 2, 3.
8. Обучение первоначальному письму по прописи к «Азбуке» О. В. Джежелей (*автор Н. Г. Агаркова*).
9. Программа (Обучение грамоте. Литературное чтение) и методический комментарий. 1—4 классы.
10. Обучение грамоте. 1 класс. Иллюстрированная методика.
11. Уроки по «Азбуке» и «Учебнику по чтению в период обучения грамоте» О. В. Джежелей (*автор А. А. Емец*).
12. Чтение и литература. 1, 2, 3, 4 классы. Книги для учителя.

Чтение и литература. 3 кл. В 3 ч. Ч. 3 : учеб. / авт.-сост.
Ч-77 О. В. Джежелей. — 6-е изд., стереотип. — М. : Дрофа, 2007. — 110, [2] с. : ил.
ISBN 978-5-358-03551-5 (ч. 3)
ISBN 978-5-358-03550-8

В первой части учебника представлена система формирования у учащихся аналитических и практических умений, позволяющая грамотно читать и осмыслять детские книги. Вторая и третья части учебника представляют собой курс литературных бесед по прочитанным произведениям.

Учебник рекомендован Министерством образования и науки Российской Федерации и включён в Федеральный перечень учебников.

УДК 373.167.1:82
ББК 83.8я71

ISBN 978-5-358-03551-5 (ч. 3)
ISBN 978-5-358-03550-8

РОДИМЫЙ КРАЙ, РОДНАЯ СТОРОНА

Писатели о Родине, Отчизне, родном крае

Поезжай за моря, океаны,
Надо всею землёй пролети:
Есть на свете разные страны,
Но такой, как у нас, не найти...

М. В. Исаковский

ЛИТЕРАТУРНЫЕ ЧТЕНИЯ

1. Давным-давно, почти двести лет тому назад, Константин Дмитриевич Ушинский — великий русский педагог — рассказал ребятам о Родине.

Почему этот рассказ важно прочитать и сегодняшним школьникам?

Идут годы, сменяются поколения, но писатели продолжают рассказ об отчем крае, Отчизне.

2. Познакомься с произведениями писателей XX века, рассказывающими о Родине.

3. Наша Родина — Россия, мы россияне, граждане России.

Герб, флаг и гимн — отличительные знаки страны.

Гимн — торжественная песня. Эта песня представляет страну. Государственный гимн слушают и исполняют стоя, выражая уважение к Отечеству.

Научись читать и исполнять гимн своей Родины.

4. Писатели, поэты рассказ о Родине ведут по-разному. Они гордятся, любуются родной стороной, заботятся о ней, радуются её величию, ценят доброту, дружбу и уважение друг к другу своих соотечественников, тех, кто называет себя россиянами.

В каких произведениях и как об этом рассказано?

Прочитай выразительно произведения, которые тебе особенно запомнились.

К. Д. Ушинский

НАШЕ ОТЕЧЕСТВО

Наше Отечество, наша Родина — Матушка Россия. Отечеством мы зовём Россию потому, что в ней жили испокон веку отцы и деды наши. Родиной мы зовём её потому, что в ней мы родились, в ней говорят родным нам языком и всё в ней для нас родное; а матерью — потому, что она вскормила нас своим хлебом, вспоила своими водами, выучила своему языку; как мать, она защищает и бережёт нас от всяких врагов...

Много есть на свете и кроме России всяких хороших государств и земель, но одна у человека родная мать — одна у него и Родина.

Текст Государственного гимна Российской Федерации

Слова С. Михалкова

Россия — священная наша держава,
Россия — любимая наша страна.
Могучая воля, великая слава —
Твоё достоянье на все времена!

Славься, Отечество наше свободное,
Братских народов союз вековой,
Предками данная мудрость народная!
Славься, страна! Мы гордимся тобой!

От южных морей до полярного края
Раскинулись наши леса и поля.
Одна ты на свете! Одна ты такая —
Хранимая Богом родная земля!

Славься, Отечество наше свободное,
Братских народов союз вековой,
Предками данная мудрость народная!
Славься, страна! Мы гордимся тобой!

Широкий простор для мечты и для жизни
Грядущие нам открывают года.
Нам силу даёт наша верность Отчизне.
Так было, так есть и так будет всегда!

Славься, Отечество наше свободное,
Братских народов союз вековой,
Предками данная мудрость народная!
Славься, страна! Мы гордимся тобой!

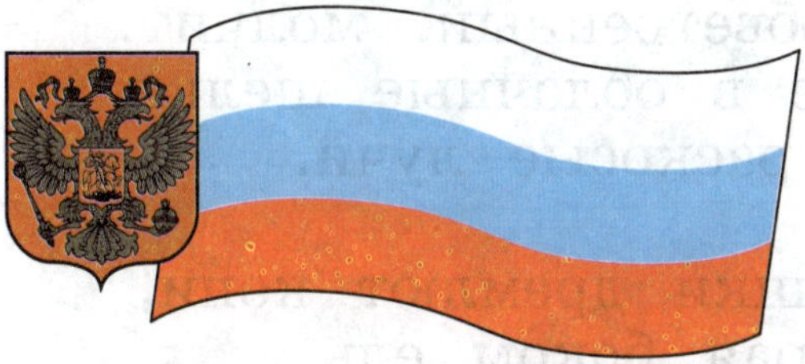

М. В. Исаковский

РОДНОЕ

Сыплет спелые орехи
Мне орешник в кузовок.
Лес рябиновые вехи
Расставляет у дорог.

По оврагам, по обрывам,
Через пальцы ивняка
Льётся тихо и пугливо
Желтолистая река.

На ветвях танцуют белки,
Лес, обветренный, молчит.
Солнце в облачные щелки
Шлёт раскосые лучи.

У опушки дремлют кони,
Подпирая боком ель.
Снится им, что в поле стонет
Безголосая метель.

Школьный дом одноэтажный
Улыбается окном.
Грач по нивам бродит важно,
Словно сельский агроном.

Гусь степенный в луже моет
Свой гусиный красный нос...
Всё моё и всё родное,
Чем я жил и где я рос.

В. Д. Берестов

ПОДМОСКОВЬЕ

Здесь начинается Москва
С оврагов и грачей,
С кудрявой ивы у мостка,
С приезжих москвичей,
С антенн, церквушек, облаков,
Распаханных полей,
Грохочущих грузовиков
И парковых аллей.

В. Д. Берестов

ОГНИ НАШЕЙ УЛИЦЫ

Освещают нам путь и сигналят они.
Светофоры меняют цвета деловито,
Держит строй фонарей лучезарная свита.
Огонёчки машин меж собой говорят.
Ряд за рядом уютные окна горят.
Днём работают люди, а ночью — огни.

А. Л. Барто

ПЕСНЯ, КОТОРУЮ ПЕЛИ НА СБОРЕ

Деревья в три обхвата,
Дремучие леса.
Среди лесов когда-то
Город поднялся.

Здесь шли тропинки узкие,
Овраги и поля,
Но все дороги русские
Сходились у Кремля.

Река светилась пламенем,
Пожар здесь бушевал,
Но город белокаменный
Из пламени вставал.

Стоял велик и чуден
Московский древний град.
Он дорог русским людям,
Он славою богат.

Здесь шли тропинки узкие,
Овраги и поля,
Но все дороги русские
Сходились у Кремля...

М. М. Пришвин

* * *

...Мои молодые друзья! Мы хозяева нашей природы, и она для нас кладовая солнца с великими сокровищами жизни. Мало того, чтобы сокровища эти охранять, их надо открывать и показывать.

Для рыбы нужна чистая вода — будем охранять наши водоёмы. В лесах, степях, горах разные ценные животные — будем охранять наши леса, степи, горы.

Рыбе — вода, птице — воздух, зверю — лес, степь, горы. А человеку нужна родина. И охранять природу — значит охранять родину.

М. М. Пришвин

ЗОЛОТОЙ ЛУГ

У нас с братом, когда созревают одуванчики, была с ними постоянная забава. Бывало идём куда-нибудь на свой промысел — он впереди, я в пяту.

«Серёжа!» — позову я его деловито. Он оглянется, а я фукну ему одуванчиком прямо в лицо. За это он начинает меня подкарауливать и тоже, как зазеваешься, фукнет. И так мы эти неинтересные цветы срывали только для забавы. Но раз мне удалось сделать открытие.

Мы жили в деревне, перед окном у нас был луг, весь золотой от множества цветущих одуванчиков. Это было очень красиво. Все говорили: «Очень красиво! Луг — золотой». Однажды я рано встал удить рыбу и заметил, что луг был не золотой, а зелёный.

Когда же я возвращался около полудня домой, луг был опять золотой. Я стал наблюдать. К вечеру луг опять позеленел. Тогда я пошёл, отыскал одуванчик, и оказалось, что он сжал свои лепестки, как всё равно если бы у нас пальцы со стороны ладони были жёлтые и, сжав в кулак, мы закрыли бы жёлтое. Утром, когда солнце взошло, я видел, как одуванчики раскрывают свои ладони, и от этого луг становится опять золотым.

С тех пор одуванчик стал для нас одним из самых интересных цветов, потому что спать одуванчики ложились вместе с нами, детьми, и вместе с нами вставали.

ВСЁ НАЧИНАЕТСЯ С ДЕТСТВА...

Отечественная литература XX века

ПОЖЕЛАНИЕ ДРУЗЬЯМ

Желаю вам цвести, расти,
Копить, крепить здоровье.
Оно для дальнего пути —
Главнейшее условье.
Пусть каждый день и каждый час
Вам новое добудет.
Пусть добрым будет ум у вас,
А сердце умным будет.
Вам от души желаю я,
Друзья, всего хорошего.
А всё хорошее, друзья,
Даётся нам недёшево.

С. Я. Маршак

С. В. Михалков

ВЕСЁЛЫЙ ТУРИСТ

Крутыми тропинками в горы,
Вдоль быстрых и медленных рек,
Минуя большие озёра,
Весёлый шагал человек.

Четырнадцать лет ему было, —
И нёс он дорожный мешок,
А в нём полотенце и мыло
Да белый зубной порошок.

Он встретить в пути не боялся
Ни змей, ни быков, ни собак,
А если встречал, то смеялся
И сам приговаривал так:

— Я вышел из комнаты тесной,
И весело дышится мне.
Всё видеть, всё знать интересно,
И вот я хожу по стране. —

Он шёл без ружья и без палки
Высокой зелёной травой.
Летели кукушки да галки
Над самой его головой.

И даже быки-забияки
Мычали по-дружески: «М-му!»
И даже цепные собаки
Виляли хвостами ему.

Он шёл по тропам и дорогам,
Волков и медведей встречал,
Но зверь человека не трогал,
А издали только рычал.

Он слышал и зверя, и птицу,
В колючие лазил кусты.
Он трогал руками пшеницу,
Чудесные нюхал цветы.

И тучи над ним вместо крыши,
А вместо будильника — гром.
И всё, что он видел и слышал,
В тетрадку записывал он.

А чтобы ещё интересней
И легче казалось идти,
Он пел, и весёлая песня
Ему помогала в пути.

И окна в домах открывали,
Услышав — он мимо идёт,
И люди ему подпевали
В квартирах, садах, у ворот.

И весело хлопали дверью,
И вдруг покидали свой дом.
И самые хищные звери
Им были в пути нипочём.

Шли люди, и было их много,
И не было людям числа.
За ними по разным дорогам
Короткая песенка шла:

«Нам путь незнакомый не страшен,
Мы смело пройдём ледники.
С весёлою песенкой нашей
Любые подъёмы легки».

И я эту песню услышал,
Приятеля голос узнал,
Без шапки на улицу вышел,
Я песенку эту догнал.

1935 г.

ЛИТЕРАТУРНЫЕ ЧТЕНИЯ

1. Чем привлекателен четырнадцатилетний человек? Что он ценит, что ему интересно? Как природа откликается на его появление? Привлекает людей его поведение, его цели в жизни? Добьётся он в жизни того, что хочет? А чего он хочет?

Отвечал на вопросы и читал стихи. А что запомнил? Продекламируй отдельные строки. Перечитай стихотворение выразительно. В каком году написаны стихи? Что ты знаешь об авторе этих стихов?

2. Обменяйтесь информацией о жизни и творчестве поэта С. В. Михалкова, которую вы нашли в его книгах.

Перечитайте стихи.

Светлана

Пути-дороги

Мы с приятелем

Происшествие в горах

Чистописание

Хороший человек

В парикмахерской

Что объединяет эти произведения со стихотворением «Весёлый турист»?

Могли бы эти стихи войти в цикл под заглавием «Мой друг»? Почему? Какие ещё стихи поэта можно прочитать на уроке?

В. В. Бианки

БЕШЕНЫЙ БЕЛЬЧОНОК

Мы с сынишкой собрались в лес по грибы. И только свернули тропой с просёлочной дороги, — навстречу нам из лесу собака Клеопарда. Злющая — чистый волк.

Сынишка был впереди меня. Он хотел кинуться назад, ко мне, но я успел крикнуть ему:

— Только не беги! Иди, как шёл.

Ускорив шаг, я поравнялся с сынишкой и взял его за руку. Ни ружья, ни палок у нас с собой не было: одни простые корзинки. Обороняться было нечем.

А Клеопарда была уже в нескольких шагах от нас. Или мы ей дорогу должны были уступить, или она нам: тропа была узкая, а по сторонам — грязь.

— Вперёд без страха и сомненья! — произнёс я как можно веселее, крепко сжимая руку сынишки.

Клеопарда остановилась и молча оскалила зубы. Миг был решительный.

Я ещё твёрже шагнул — раз, два, три...

Свирепое животное вдруг прыгнуло в сторону и, увязая в глубокой грязи, пошло мимо нас стороной.

Я отпустил руку сынишки.

— Видишь? А ты хотел бежать.

— Ух, страшно!

— Убегать ещё страшней.

Но тут мы дошли до леса и скоро забыли это приключение.

Вчера целый день лил дождь. Грибов было много. Сперва мы брали всякие — и красные, и подберёзовики, и маслята. Но глубже в лесу, на гривках под елями и соснами, начались белые. Тут мы на другие грибы и смотреть не стали.

Лес весь сверкал, переливался разноцветными весёлыми звёздочками, каждый листок, каждая травинка и мшинка блестела, улыбалась капельными глазками — солнце ещё только поднималось над деревьями и не успело высушить вчерашнего дождя. Все кусты и ёлочки были в паутинках, и каждая паутинка была унизана крошечными водяными жемчужинами. Мы, конечно, сразу промочили и штаны и рубахи, но всё равно становились на колени, раскапывали руками мокрый мох и вытаскивали из-под него маленьких крепышей с тёмной шапочкой на пузатенькой ножке — настоящих боровичков. Потом спешили дальше — искать новое гнездо грибов.

Мы так увлеклись, что и не заметили, как забрались глубоко в лес и очутились на опушке небольшой поляны.

— Стой! — шёпотом вдруг сказал сынишка и схватил меня за руку. — Смотри: бельчонок!

Правда: на другой стороне поляны на ветках сосны прыгала молодая белочка с тоненьким ещё хвостиком.

Бельчонок спускался с ветки на ветку. Исчез на минутку из глаз и вдруг, смотрим, скачет по земле к берёзе. Ближе к нам от той опушки стоял куст, и ещё ближе — одинокая берёза. И рядом с берёзой открыто рос малоголовый гриб на высокой белой ножке — обабок.

— А! — сказал я тоже шёпотом и потянул сынишку за росшие рядом ёлочки, чтобы не спугнуть бельчонка. — Знаешь, бельчонку, наверно, ужасно хочется попробовать этот гриб, а на землю спуститься страшно: вдруг кто-нибудь увидит и схватит.

— Ага! — согласился сынишка. — Наверно, он очень голодный.

Бельчонок уже прыгал к обабку по земле, смешно подкидывая задом.

От опушки до берёзы было верных шагов пятнадцать. Моих человеческих шагов пятнадцать, а беличьих мелких скачков по земле — не меньше как полсотни.

И вот только бельчонок подскакал к берёзе, не успел ещё и куснуть гриба, — вдруг сбоку из травы откуда ни возьмись — лисица! И на него. Мы так и ахнули.

Но бельчонок вовремя заметил опасность, повернул — и в два скачка очутился на берёзе.

Он мигом взвился по стволу и притаился под самой макушкой. Весь сжался от страха в комочек.

Лисица осталась с носом.

Сынишка хотел захлопать в ладоши, но я ему не дал, шепнул:

— Подожди. Это ещё не всё. Лисица, я вижу, пожилая, опытная. Она так этого дела не оставит.

Я потому так подумал, что лисица сразу, как бельчонок ахнул от неё на дерево, осадила всеми четырьмя лапами, стала и потом с самым равнодушным видом повернула прочь от берёзы — к опушке. Даже не взглянула вверх, на дерево. Будто её совсем и не интересовал никогда бельчонок, не за ним она кинулась, а так просто.

А у самой глаза блестят, рот до ушей. Мне тут и почудилась какая-то хитрость с её стороны.

Смотрим, правда: не дошла лисица до опушки, вдруг — шмыг за куст, который между берёзой той и опушкой стоял. И нет её.

— Ишь хитрюга! — шепчет сынишка. — В засаду села. Как же теперь бельчонок домой в лес попадёт? Ведь ему мимо этого куста бежать.

— Вот в том-то и дело, — шепчу я. — Не миновать ему лисьих зубов... Но... Тс-с!.. Смотри, он что-то придумал.

Чуть заметный среди листвы на белой ветке берёзы, рыжий комочек зашевелился, развернулся — и опять превратился в бельчонка. Вытянув шею и повёртывая голову во все стороны, бельчонок долго осматривался. Но, верно, оттуда, с вершины, ему не было видно лисицы: он осторожно потихоньку стал спускаться с ветки на ветку. Прыгнет — и оглянется. Прыгнет — и тянет шейку, заглядывает вниз.

— Ох, глупый, глупый! — шепчет сынишка. — Сейчас ведь прыгнет на землю. Пойдём скорей, прогоним лисицу!

— Подожди, подожди! — шепчу. — Посмотрим, чем кончится.

В первый раз я своими глазами видел, как лисица охотилась за белкой.

Бельчонок тихонько спустился уже до половины берёзы и тут вдруг замер на ветке. Да вдруг как затрясётся на лапках, как закричит, зацокает!

— Увидел, увидел! — шепчет сынишка.

Сомнений быть не могло: белый кончик рыжей трубы — хвоста лисьего — высунулся из куста, и бельчонок его заметил!

«Эх, лисонька! — подумал я про себя. — Рано победу затрубила! Думала, уж вот он — твой бельчонок! Заиграла хвостом, да и выдала себя».

Кончик лисьего хвоста сейчас же опять исчез за кустом. Но бельчонок никак не мог успокоиться. Он пронзительно громко ругал коварную лисицу, уже не знаю, какими своими беличьими словами, и весь трясся от негодования.

Потом, когда лисий хвост исчез, замолчал. И вдруг, чего-то ужасного испугавшись, винтом взвился по стволу к себе на спасительную вершину. Может быть, вообразил себе, что лисица сейчас прыгнет за ним из-за своего куста — на полдерева.

— Дело затягивается, — шепчу я сынишке. — Но — терпение: лисица, видимо, решила сидеть в засаде хоть до вечера. А бельчонок, конечно, голодный. На берёзе ему долго не высидеть: там ему ни шишек, ни орехов. Всё равно придётся слезать.

Прошло несколько минут. Ни лисица, ни белка не подавали никаких признаков жизни. Сынишка уже начал меня за рукав дёргать:

— Прогоним лисицу и пойдём грибы собирать.

Но тут бельчонок опять показался из своего прикрытия и прыгнул на одну из тонких верхних веток берёзы. Это была одна из самых длинных веток дерева, и она, как вытянутая рука, указывала прямо на опушку леса — на ту самую крайнюю сосну, с которой полчаса тому назад спустился бельчонок.

Бельчонок разбежался по ней и, сильно качнув конец ветки, прыгнул.

— Бешеный! — шёпотом вскрикнул сынишка. — Он...

Сынишка хотел, конечно, сказать, что бельчонок попадёт прямо в пасть лисице.

Но не успел договорить: так быстро всё кончилось! Бельчонок, разумеется, не рассчитал: допрыгнуть до опушки с берёзы он не мог. Самой ловкой белке не перелететь такого расстояния по воздуху — не птица же! Просто, видно, бельчонок с отчаянья прыгнул: будь что будет! И он, конечно, кувырнулся, не пролетев и половины расстояния до сосны.

Надо было видеть, как он летел вниз, растопырив все четыре лапки и вытянув тонкий хвостик, — прямо в куст, где сидела лисица, прямо на неё!

Но не успел он долететь до куста, как лисица...

Думаете, подскочила и на лету схватила его в зубы?

Нет, лисица опрометью выскочила из куста и сломя голову бросилась наутёк через пни и кусты.

Громкий смех сынишки — прямо мне в ухо — чуть не оглушил меня.

А бельчонок, упав на куст, не разбился: ветви спружинили, слегка подкинули его лёгкое тельце и, опять приняв на себя, мягко опустили его на землю. Бельчонок скок-скок-скок! — и на сосну. С сосны на осину, с осины ещё на какое-то дерево — и скрылся из глаз в лесу.

Сынишка хохотал до слёз. И весь лес, казалось, хохотал с ним — все капельные глазки дождя на листьях, на траве и кустах.

— Бешеный! — твердил сынишка сквозь смех и слёзы. — Ну, прямо бешеный!.. Как он на лисицу-то! Как она от него!.. И хвост поджала! Вот бешеный бельчонок.

— Ну, — спросил я, когда он прохохотался, — теперь понимаешь, почему я не дал тебе бежать от Клеопарды?

— Знаю, знаю:

«Вывод ясен без картин —
Часто, в битве не робея,
Побеждает трёх один».

Уж не знаю, откуда он взял эти стишки! Он у меня набит стихами и выпаливает ими вдруг, как из пушки.

Весёлые мы пришли в тот день из лесу.

ЛИТЕРАТУРНЫЕ ЧТЕНИЯ

1. Забавный случай. О чём рассказ: о природе, о людях? Где спрятана одна из главных мыслей произведения? Найди, прочитай.

Два человека, старший и младший: отец и сын. Какие у них сложились отношения? Что рассказано об отце? Что он за человек — читай, рассуждай.

А каков мальчик? Какой у него характер? Какие качества развивает в нём отец? Это смышлёный мальчик?

2. Как построен рассказ, сколько в нём частей? Прочитай вступление и заключение.

Читай ту часть, где описан случай с бельчонком. Отмечай про себя, о каких повадках животных, особенностях лесной жизни узнаёт читатель.

Расскажи о лесе и его обитателях. Какой закон лесной жизни нельзя нарушать, чтобы быть свидетелем интересных событий?

Почему интересно читать об этом случае? В чём комизм эпизода, почему смешно и весело свидетелям происшествия и читателям?

Прочитай выразительно часть рассказа, которую можно назвать «Случай в лесу».

Перескажи «Приключения бельчонка».

С. Я. Маршак

РАССКАЗ О НЕИЗВЕСТНОМ ГЕРОЕ

Ищут пожарные,
Ищет милиция,
Ищут фотографы
В нашей столице,
Ищут давно,
Но не могут найти
Парня какого-то
Лет двадцати.

Среднего роста,
Плечистый и крепкий,
Ходит он в белой
Футболке и кепке.
Знак ГТО
На груди у него.
Больше не знают
О нём ничего.
Многие парни
Плечисты и крепки,
Многие носят
Футболки и кепки.
Много в столице
Таких же значков —
Каждый
К труду-обороне
Готов!

Кто же,
Откуда
И что он
за птица —
Парень,
Которого
Ищет столица?
Что натворил он
И в чём виноват?
Вот что в народе
О нём говорят.

Ехал
Один
Гражданин
По Москве —
Белая кепка
На голове, —
Ехал весной
На площадке
трамвая,
Что-то под грохот
колёс
Напевая...
Вдруг он увидел —
Напротив
В окне
Мечется кто-то
В дыму и огне.
Много столпилось
Людей на панели.
Люди в тревоге
Под крышу смотрели:
Там из окошка
Сквозь огненный
дым
Руки
Ребёнок
Протягивал к ним.

Даром
минуты одной
Не теряя,
Бросился парень
С площадки
трамвая —
Автомобилю
Наперерез —
И по трубе
Водосточной
Полез.

Третий этаж,
И четвёртый,
И пятый...
Вот и последний,
Пожаром объятый.
Чёрного дыма
Висит пелена.
Рвётся наружу
Огонь из окна.

Надо ещё
Подтянуться
немножко.

Парень,
Слабея,
Дополз до окошка,
Встал,
Задыхаясь в дыму,
На карниз,
Девочку взял
И спускается вниз.

Вот ухватился
Рукой
За колонну.
Вот по карнизу
Шагнул он
к балкону...
Еле стоит
На карнизе нога,
А до балкона —
Четыре шага.

Видели люди,
Смотревшие снизу,
Как осторожно
Он шёл по карнизу...
Вот он прошёл
Половину
Пути.
Надо ещё половину
Пройти.

Шаг. Остановка.
Другой. Остановка.
Вот до балкона
Добрался он ловко,
Через железный
Барьер перелез,
Двери открыл —
И в квартире исчез!..
С дымом мешается
Облако пыли.
Мчатся пожарные
Автомобили,
Щёлкают звонко,
Тревожно свистят,
Медные каски
Рядами блестят.

Миг —
и рассыпались
Медные каски,
Лестницы выросли
Быстро,
как в сказке,
Люди в брезенте —
Один за другим —
Лезут
По лестницам
В пламя и дым...
Пламя
Сменяется
Чадом угарным.
Гонит насос
Водяную струю.
Женщина,
Плача,
Подходит
К пожарным:

— Девочку,
Дочку
Спасите
Мою!
— Нет, —
Отвечают
Пожарные
Дружно, —
Девочка в здании
Не обнаружена.
Все этажи
Мы сейчас обошли,
Но никого
До сих пор
Не нашли!

Вдруг из ворот
Обгоревшего дома
Вышел
Один
Гражданин
Незнакомый.
Рыжий от ржавчины,
Весь в синяках,
Девочку
Крепко
Держал он в руках.

Дочка заплакала,
Мать обнимая.
Парень вскочил
На подножку трамвая,
Тенью мелькнул
За вагонным
стеклом,
Кепкой махнул
И пропал
за углом...
Ищут пожарные,
Ищет милиция,
Ищут фотографы
В нашей столице,
Ищут давно,
Но не могут найти
Парня какого-то
Лет двадцати.

Среднего роста,
Плечистый
и крепкий,
Ходит он в белой
Футболке и кепке.
Знак ГТО
На груди у него.
Больше не знают
О нём ничего.

Многие парни
Плечисты и крепки,
Многие носят
Футболки и кепки.
Много в столице
Таких же
Значков.
К славному подвигу
Каждый
Готов!

1938 г.

ЛИТЕРАТУРНЫЕ ЧТЕНИЯ

Когда было написано произведение С. Я. Маршака? Сколько лет осталось до страшной беды — Великой Отечественной войны?

Что случилось и где? Читай.

Не задумываясь, большая опасность, преодоление страха, осторожность, ловкость, сила, умение: прочитай эти эпизоды. Трудно, страшно? Где и как об этом говорится? Обрати внимание на слова, действия пожарных, людей на улице.

Что читатели узнали о парне лет двадцати? Много было таких парней в стране?

Подивись мастерству поэта, умению передавать действия, события, чувства:

Шаг. Остановка.
Другой. Остановка.

Слово-предложение, стоит точка. Ещё слово-предложение. Точка. Короткие предложения называют действие и передают его характер.

Как строй стихотворения помогает его читать выразительно, передавать в чтении то, что происходит? Обращай внимание на ритм и мелодику стиха, читай выразительно.

Произведение названо «Рассказ о неизвестном герое». На каких памятниках ты видел надписи «Неизвестному герою», «Неизвестному солдату»? Кто и когда кладёт там цветы в знак благодарности, памяти, уважения?

Л. Пантелеев

ЧЕСТНОЕ СЛОВО

Мне очень жаль, что я не могу вам сказать, как зовут этого маленького человека, и где он живёт, и кто его папа и мама. В потёмках я даже не успел как следует разглядеть его лицо. Я только помню, что нос у него был в веснушках и что штанишки у него были коротенькие и держались не на ремешке, а на таких лямочках, которые перекидываются через плечи и застёгиваются где-то на животе.

Как-то летом я зашёл в садик — я не знаю, как он называется, — на Васильевском острове, около белой церкви. Была у меня с собой интересная книга, я засиделся, зачитался и не заметил, как наступил вечер. Когда в глазах у меня зарябило и читать стало совсем трудно, я захлопнул книгу, поднялся и пошёл к выходу.

Сад уже опустел, на улицах мелькали огоньки, и где-то за деревьями звенел колокольчик сторожа.

Я боялся, что сад закроется, и шёл очень быстро. Вдруг я остановился. Мне послышалось, что где-то в стороне, за кустами, кто-то плачет.

Я свернул на боковую дорожку — там белел в темноте небольшой каменный домик, какие бывают во всех городских садах, — какая-то будка или сторожка. А около её стены стоял маленький мальчик, лет семи или восьми, и, опустив голову, громко и безутешно плакал.

Я подошёл и окликнул его:

— Эй, что с тобой, мальчик?

Он сразу, как по команде, перестал плакать, поднял голову, посмотрел на меня и сказал:

— Ничего.

— Как это — ничего? Тебя кто обидел?

— Никто.

— Так чего ж ты плачешь?

Ему ещё трудно было говорить, он ещё не проглотил всех слёз, ещё всхлипывал, икал, шмыгал носом.

— Давай пошли, — сказал я ему. — Смотри, уже поздно, уже сад закрывается.

И я хотел взять мальчика за руку. Но мальчик поспешно отдёрнул руку и сказал:

— Не могу.

— Что не можешь?

— Идти не могу.

— Как? Почему? Что с тобой?

— Ничего, — сказал мальчик.

— Ты что, нездоров?

— Нет, — сказал он, — здоров.

— Так почему ж ты идти не можешь?

— Я часовой, — сказал он.

— Как часовой? Какой часовой?

— Ну что вы — не понимаете? Мы играем.

— Да с кем же ты играешь?

Мальчик помолчал, вздохнул и сказал:

— Не знаю.

Тут я, признаться, подумал, что, наверно, мальчик всё-таки болен и что у него голова не в порядке.

— Послушай, — сказал я ему. — Что ты говоришь? Как же это так: играешь и не знаешь с кем?

— Да, — сказал мальчик, — не знаю. Я на скамейке сидел, а тут какие-то большие ребята подходят и говорят: «Хочешь играть в войну?» Я говорю: «Хочу». Стали играть. Мне говорят: «Ты сержант». Один большой мальчик — он маршал был... Он привёл меня сюда и говорит: «Тут у нас пороховой склад. А ты будешь часовой. Стой здесь, пока я тебя не сменю». Я говорю: «Хорошо». А он говорит: «Дай честное слово, что не уйдёшь».

— Ну?

— Ну, я и сказал: «Честное слово, не уйду».

— Ну и что?

— Ну и вот: стою, стою, а они не идут.

— Так, — улыбнулся я. — А давно они тебя сюда поставили?

— Ещё светло было.

— Так где же они?

Мальчик опять тяжело вздохнул и сказал:

— Я думаю: они ушли.

— Как — ушли?

— Забыли.

— Так чего ж ты тогда стоишь?

— Я честное слово сказал...

Я уже хотел засмеяться, но потом спохватился и подумал, что смешного тут ничего нет и что мальчик совершенно прав. Если дал честное слово, так надо стоять, что бы ни случилось — хоть лопни. А игра это или не игра — всё равно.

— Вот так история получилась! — сказал я ему. — Что же ты будешь делать?

— Не знаю, — сказал мальчик и опять заплакал.

Мне очень хотелось ему как-нибудь помочь. Но что я мог сделать? Идти искать этих глупых мальчишек, которые поставили его на караул, взяли с него честное слово, а сами убежали домой? Да где же их сейчас найдёшь, этих мальчишек! Они уж небось поужинали, и спать легли, и десятые сны видят.

А человек на часах стоит. В темноте. И голодный небось.

— Ты, наверно, есть хочешь? — спросил я у него.

— Да, — сказал он, — хочу.

— Ну, вот что, — сказал я, подумав, — ты вали беги домой, поужинай, а я пока за тебя постою тут.

— Да, — сказал мальчик, — а это можно разве?

— Почему же нельзя?

— Вы же не военный.

Я почесал затылок и сказал:

— Правильно. Ничего не выйдет. Я даже не могу тебя снять с караула. Это может сделать только военный, только начальник...

И тут мне вдруг в голову пришла мысль. Я подумал, что если освободить мальчика от честного слова, снять его с караула может только военный, так в чём же дело? Надо, значит, идти искать военного.

Я ничего не сказал мальчику, только сказал: «Подожди минутку», а сам, не теряя времени, побежал к выходу.

Ворота ещё не были закрыты, ещё сторож ходил где-то в самых дальних уголках сада и дозванивал там в свой колокольчик.

Я стал у ворот и долго поджидал, не пройдёт ли мимо какой-нибудь лейтенант или хотя бы рядовой красноармеец. Но, как назло, ни один военный не показывался на улице.

Вот было мелькнули на другой стороне улицы какие-то чёрные шинели, я обрадовался, подумал, что это военные моряки, перебежал улицу и увидел, что это не моряки, а мальчишки-ремесленники. Прошёл высокий железнодорожник в очень красивой шинели с ярко-малиновыми нашивками. Но и железнодорожник с его замечательной шинелью мне тоже был в эту минуту ни к чему.

Я уже хотел не солоно хлебавши возвращаться в сад, как вдруг увидел за углом, на трамвайной остановке, защитную командирскую фуражку с синим кавалерийским околышем. Кажется, ещё никогда в жизни я так не радовался, как обрадовался в эту минуту. Сломя голову я побежал к остановке. И вдруг, не успев добежать, вижу: к остановке подходит трамвай, и командир, молодой кавалерийский майор, вместе с остальной публикой собирается протискиваться в вагон.

Запыхавшись, я подбежал к нему, схватил за руку и закричал:

— Товарищ майор! Минуточку! Подождите! Товарищ майор!..

Он оглянулся, с удивлением на меня посмотрел и сказал:

— В чём дело?

— Видите ли в чём дело, — сказал я. — Тут в саду, около будки, на часах стоит мальчик. Он не может уйти, он дал честное слово... Он очень маленький... Он плачет...

Командир посмотрел на меня с испугом. Наверно, он тоже подумал, что я болен и что у меня голова не в порядке.

— При чём же тут я? — сказал он.

Трамвай его ушёл, и он смотрел на меня очень сердито.

Но когда я немножко подробнее объяснил ему, в чём дело, он не стал раздумывать и сразу же сказал:

— Идёмте, идёмте! Конечно! Что же вы мне сразу не сказали?

Когда мы подошли к саду, сторож как раз вешал на ворота замок. Я попросил его несколько минут подождать, сказал, что в саду у меня остался мальчик, и мы с майором побежали в глубину сада.

В темноте мы с трудом отыскали белый домик. Мальчик стоял на том же месте, где я его оставил, и опять, но на этот раз очень тихо, плакал. Я окликнул его. Он обрадовался, даже вскрикнул от радости, а я сказал:

— Ну вот, я привёл начальника.

Увидев командира, мальчик как-то весь выпрямился, вытянулся и стал на несколько сантиметров выше.

— Товарищ караульный, — сказал ему командир, — какое вы носите звание?

— Я сержант, — сказал мальчик.

— Товарищ сержант, приказываю оставить вверенный вам пост.

Мальчик помолчал, посопел носом и сказал:

— А у вас какое звание? Я не вижу, сколько у вас звёздочек...

— Я — майор, — сказал командир.

И тогда мальчик приложил руку к широкому козырьку своей серенькой кепки и сказал:

— Есть, товарищ майор: приказано оставить пост.

И сказал это он так звонко и так ловко, что мы оба не выдержали и расхохотались.

И мальчик тоже весело и с облегчением засмеялся.

Не успели мы втроём выйти из сада, как за нами хлопнули ворота и сторож несколько раз повернул в скважине ключ.

Майор протянул мальчику руку.

— Молодец, товарищ сержант! — сказал он. — Из тебя выйдет настоящий воин. До свиданья!

Мальчик что-то пробормотал и сказал:

— До свиданья...

А майор отдал нам обоим честь и, увидев, что опять подходит его трамвай, побежал к остановке.

Я тоже попрощался с мальчиком и пожал ему руку.

— Может быть, тебя проводить? — спросил я у него.

— Нет, я близко живу. Я не боюсь, — сказал мальчик.

Я посмотрел на его маленький веснушчатый нос и подумал, что ему действительно нечего бояться. Мальчик, у которого такая сильная воля и такое крепкое слово, не испугается темноты, не испугается хулиганов, не испугается и более страшных вещей.

А когда он вырастет... Ещё неизвестно, кем он будет, когда вырастет, но кем бы он ни был, можно ручаться, что это будет настоящий человек.

Я подумал так, и мне стало очень приятно, что я познакомился с этим мальчиком.

И я ещё раз крепко и с удовольствием пожал ему руку.

1941 г.

ЛИТЕРАТУРНЫЕ ЧТЕНИЯ

1. Рассказ Леонида Пантелеева (Алексея Ивановича Еремеева) был написан для детского журнала «Пионер» и вышел в свет в июне 1941 года, в первый месяц Великой Отечественной войны. Его читали ребята в то время, когда отцы, деды и старшие братья ушли защищать Родину от фашистов. О чём этот рассказ? Что хотел сказать читателям автор?

Сколько частей-эпизодов в рассказе? Перечитай, выдели эпизоды, озаглавь их. Подумай, почему рассказ начинается как бы с воспоминания. Зачем, перед тем как рассказать историю, автор сообщает нам о герое, даёт его описание?

2. События рассказа происходят в Ленинграде (так с 1924 до 1991 года назывался Петербург). В этом городе родился и автор, Л. Пантелеев.

Что читатель узнал о главном герое: где жил, как выглядел, сколько ему лет, как зовут? А как называет его автор в самом начале, почему?

Читай рассказ, выбирай все эпизоды, описания, рассуждения автора, которые подтверждают, что мальчик — настоящий человек, человек чести.

А какие взрослые люди в этом рассказе? Хорошо встречать по жизни таких людей. Что их особенно отличает? Уважение к человеку — это важно или нет?

Как рассуждает о честном слове автор? Какая русская пословица напоминает об этом правиле жизни? Научитесь выразительно в лицах передавать диалоги.

А. Т. Твардовский

ДЕТИ

Стол красуется накрытый.
День не просто выходной:
В доме лётчик знаменитый,
Гость желанный — сын родной.

Загорелый, синеглазый.
— Вырос, — шутят старики, —
Как вошёл в избу, так сразу
Стали ниже потолки...

А у дома, у машины —
Сходка целая ребят.
Все, как взрослые мужчины,
Руки за спину стоят.

И, наверно, мыслит каждый:
«Погодите, дайте срок,
Точно так и я однажды
В гости гряну на порог».

1938 г.

В. Д. Берестов

ВЕЛИКАН

Я в детстве дружил с великаном.
Нам весело было одним.
Он брёл по лесам и полянам.
Я мчался вприпрыжку за ним.

А был он заправским мужчиной
С сознанием собственных сил,
И ножик вертел перочинный,
И длинные брюки носил.

Ходили мы вместе всё лето.
Никто меня тронуть не смел.
А я великану за это
Все песни отцовские спел.

О мой благородный и гордый
Заступник, гигант и герой!
В то время ты кончил четвёртый,
А я перешёл во второй.

Сравняются ростом ребята
И станут дружить наравне...
Я вырос. Я кончил девятый,
Когда ты погиб на войне.

ЛИТЕРАТУРНЫЕ ЧТЕНИЯ

1. Два стихотворения. Одно написано до войны, другое — после войны. Чем эти случаи похожи?

Какое настроение в стихотворении Александра Трифоновича Твардовского? Чему рады дети, чем гордятся, на кого хотят походить? Представь себе картинку, которую рисует поэт. Передай чувства и переживания через выразительное чтение.

О чём стихотворение Валентина Дмитриевича Берестова? Кто он, великан? Как и почему настроение радости, гордости переходит в печаль? Научись читать стихи выразительно.

2. Прочитай стихи Сергея Владимировича Михалкова о грозных годах Великой Отечественной войны (1941—1945) «Были для детей», и ты найдёшь такие строки:

Молодое наше племя!
Грозных лет лихое время
Пережили мы давно,
А для вас, ребят, оно
Только в книжках и в кино...

Мчится время полным ходом,
Но у нас, в стране родной,
Не ушли в забвенье годы,
Что отмечены войной...

А почему? Перечитай стихи, порассуждай.

К. Г. Паустовский

ЗАБОТЛИВЫЙ ЦВЕТОК

Есть такое растение — высокое, с красными цветами. Цветы эти собраны в большие стоячие кисти. Называется оно кипре́й.

Об этом кипрее я и хочу рассказать.

Прошлым летом я жил в маленьком городке на одной из наших полноводных рек. Около этого городка сажали сосновые леса.

Как всегда в таких городках, на базарной площади весь день стояли телеги с сеном. Около них спали мохнатые лошадёнки. К вечеру стадо, возвращаясь из лугов, подымало красную от заката пыль. Охрипший громкоговоритель передавал местные новости.

Однажды я шёл перед вечером мимо базарной площади в лесничество. Оно помещалось на окраине городка над рекой.

Среди улицы мальчишки играли в футбол. Громкоговоритель висел на телеграфном столбе. Он неожиданно защёлкал, откашлялся и сказал басом:

«Ребята! Напоминаем, что завтра в шесть часов утра состоится поход в Моховой лес для сбора сосновых шишек из беличьих запасов. Руководить походом будет сотрудница лесничества Анна Петровна Заречная».

Я не мог понять, о каких беличьих запасах идёт речь. Кого бы расспросить об этом? Мальчишки продолжали гонять мяч, будто они и не слыхали громового голоса из чёрной тарелки на столбе. Из окна в соседнем домишке высунулась старушка.

— Петя, — закричала она дребезжащим голосом. — Кузя! Ступайте домой, неслухи. Завтра спозаранку в лес идти, а вы футбол затеяли. Я вас на заре подымать не буду. Я вам не будильник.

— Счас! — закричали в ответ мальчики. — Последний гол забьём!

Неожиданно футбольный мяч угодил в козу, привязанную к крылечку. Коза вскрикнула, взвилась на дыбы и оборвала верёвку. Мальчишки бросились врассыпную. Из всех окошек высунулись разгневанные хозяйки.

— Озорники! — закричали хозяйки. — Вот скажем Анне Петровне, чтобы она вас в лес не брала.

Я пошёл дальше. За углом я увидел мальчиков. Они, оказывается, прятались там от хозяек.

— Ребята, — спросил я мальчиков, — что это за «беличьи запасы», про которые объявляли по радио?

Мальчики наперебой начали рассказывать мне, что никто лучше белок не умеет собирать сосновые шишки.

— Они их себе на зиму запасают! — кричали мальчики. — Складывают в дупла. Да ты не толкайся, дай мне сказать. Белка только здоровые шишки берёт.

— Без нас эти шишки никто и не достанет! — закричал мальчик с отчаянными синими глазами. — Дупло высоко. А мы туда — раз-раз! Мигом долезем и все шишки выберем.

— А вам белок не жалко? — спросил я.

— Белки не обижаются! — закричали, волнуясь, мальчики. — Они за два-три часа опять полное дупло натаскают.

— Вы в лесничество идёте? — спросил меня мальчик с синими глазами.

— Да, в лесничество.

— Мы давно приметили, что вы туда ходите. Так вы, пожалуйста, Анне Петровне про козу не рассказывайте. Мы в неё мячом случайно попали.

Я пообещал ничего не говорить Анне Петровне. Но даже если бы я ей рассказал про случай с козой, то Анна Петровна (все в лесничестве её звали Анютой) на мальчиков не рассердилась бы, потому что сама была молодая, весёлая и только год назад окончила лесной техникум.

Около дома, где помещалось лесничество, разросся по склону оврага тенистый сад. По дну оврага протекала речушка. Тут же невдалеке она впадала в большую реку.

Речушка была тихая, с ленивым течением и густыми зарослями по берегам. В этих зарослях была протоптана к воде тропинка, а около неё стояла скамейка. В свободные минуты лесничий Михаил Михайлович, Анюта и другие сотрудники лесничества любили немного посидеть на этой скамейке, посмотреть, как толчётся над водой мошкара и как заходящее солнце догорает на облаках, похожих на парусные корабли. В этот вечер я тоже застал Михаила Михайловича и Анюту на скамейке на берегу реки.

В омуте у наших ног плавала необыкновенно зелёная ряска. На чистых местах цвёл водокрас — белые и тонкие, как папиросная бумага, цветы с красной сердцевиной. Выше омута на крутом берегу островами разросся кипрей.

— Кипрей — это наш помощник, — заметил Михаил Михайлович.

— И белки тоже неплохие помощники, — добавила Анюта.

— О белках я узнал только что, — сказал я. — От мальчиков. Это правда, что вы отбираете у белок сосновые шишки?

— А как же! — ответила Анюта. — Лучших сборщиков шишек, чем белки, нету на свете. Пойдёмте с нами завтра в лес. Сами увидите.

— Ну что ж, — согласился я. — Пойдёмте. А вот кипрей чем вам помогает, я не знаю. До сих пор я только знал, что его листья заваривают вместо чая.

— Потому его и прозвали в народе иван-чаем, — объяснил Михаил Михайлович. — А помогает он нам вот чем...

Михаил Михайлович начал рассказывать.

Кипрей всегда разрастается на лесных пожарищах и порубках. Недавно ещё кипрей считали сорной травой. Он только и годился, что на дешёвый чай. Лесники безжалостно вырывали весь кипрей, что вырастал рядом с молодыми сосенками. Делали это они потому, что считали, будто кипрей заглушает побеги сосен, отнимает у них свет и влагу.

Но вскоре заметили, что сосенки в тех местах, где уничтожен кипрей, совсем не могут бороться с холодом и от первых же утренних морозов, какие бывают в начале осени, начисто погибают.

Учёные, конечно, начали искать причину этого и, наконец, нашли.

— Что же оказалось? — спросил Михаил Михайлович и сам себе ответил: — А оказалось, что кипрей — очень тёплый цветок. Когда ударит осенний мороз и иней посеребрит траву, то около кипрея инея нету. Потому что вокруг кипрея стоит тёплый воздух. Этот цветок выделяет из себя теплоту. И в этой теплоте растут себе без страха все соседи кипрея, все слабенькие побеги, пока зима не прикроет их, как ватным одеялом, глубоким снежком. И заметьте, что кипрей всегда разрастается рядом с молодыми соснами. Это их сторож, их защитник, их нянька. Бывает, в сильный мороз у кипрея отмёрзнет вся верхушка, а он всё равно не сдаётся, живёт и дышит теплотой. Самоотверженный цветок!

— Кипрей, — сказала Анюта, — не только воздух обогревает, но и почву. Так что и корешки всех этих побегов не замерзают.

— Вы думаете, один кипрей такой замечательный? — спросил меня Михаил Михайлович. — Почти про каждое растение можно рассказать такие удивительные вещи, что вы просто ахнете. Что ни цветок, то прямо рассказ. Растения спасают нас от болезней, дают крепкий сон, свежие силы, одевают, кормят, — всего не перечтёшь. Нет у нас лучших друзей, чем растения. Да если бы я умел рассказывать сказки, я бы о каждой травинке, о каждом каком-нибудь незаметном маленьком лютике или колоске порассказал бы такое, что все старые добрые сказочники мне бы позавидовали.

— Ещё бы! — сказала Анюта. — Если бы они знали тогда то, что мы знаем сейчас, тогда и сказок не надо бы.

На следующий день я ходил вместе с мальчиками и Анютой в Моховой лес, видел беличьи склады сосновых шишек, видел заросли кипрея на гарях и молодых посадках, и с тех пор я начал относиться и к белкам, и к цветам кипрея, и к молодым сосенкам как к своим верным друзьям.

Перед отъездом я сорвал кисть кипрея. Анюта высушила её мне в сухом песке. От этого цветы сохранили свою яркую пунцовую окраску.

У себя в Москве я заложил эту сухую кисть кипрея в толстую книгу. Называлась она «Русские народные сказки». И каждый раз, когда я раскрывал эту книгу, я думал о том, что жизнь, окружающая нас, хотя бы жизнь вот этого простенького и скромного цветка, бывает часто интереснее самых волшебных сказок.

1953 г.

ЛИТЕРАТУРНЫЕ ЧТЕНИЯ

Константин Георгиевич Паустовский — русский писатель, который говорил, что его рассказы — это простой разговор с другом, признание в любви нашей природе и всей России.

О чём ведёт разговор в рассказе «Заботливый цветок» писатель? Что узнаёт читатель о родной природе?

С какими людьми знакомит рассказ? Кто они, какие они?

Почему можно говорить, что эти люди любят и природу и Родину, по-доброму относятся к тем, с кем работают, живут, встречаются?

К. Г. Паустовский очень любил природу средней полосы России. Найди и прочитай описания этих мест.

Как и почему встречи с людьми из небольшого городка России утвердили его привязанность и любовь к Родине? Читай и рассуждай. Найди и читай другие рассказы писателя.

Э. Э. Мошковская

* * *

Здравствуй, Лес!
Вот я здесь!
Я спешил!
Я пришёл!
Дай кленовую ладошку,
Лес, скучал по мне
немножко?
Лапу дай еловую,
Я её потрогаю...
Поздоровайся со мною.
Ты скучал по мне
зимою?
Ты в разлуке мучился?
Ну а я соскучился!

* * *

— А вы знаете,
Люди?
Отцветает дерево Лютик!
Распустились деревья
Ромашки! —
Сказали
Жуки и Букашки...

Р. С. Сеф

ДОРОГА

Может стать дорогой
Север,
Может стать дорогой
Юг,
Может стать дорогой
Море,
Может — небо,
Может — луг.

Как прекрасно
Жить на свете,
Как прекрасно
Быть в пути —
Было бы желанье
Ехать,
Плыть,
Лететь
Или идти.

ЛИТЕРАТУРНЫЕ ЧТЕНИЯ

Читай стихи поэтов, которые создавали свои произведения для детей во второй половине XX века: Агнии Львовны Барто, Эммы Эфраимовны Мошковской, Романа Семёновича Сефа. О чём и что рассказывают они ребятам?

Познакомься и с другими произведениями поэтов, принеси в класс их книги.

В. А. Каверин

ПЕСОЧНЫЕ ЧАСЫ

В пионерском лагере появился новый воспитатель. Ничего особенного, обыкновенный воспитатель! Большая чёрная борода придавала ему странный вид, потому что она была большая, а он маленький. Но дело было не в бороде!

В этом пионерском лагере был один мальчик. Его звали Петька Воробьёв. Потом там была одна девочка. Её звали Таня Заботкина. Все говорили ей, что она храбрая, и это ей очень нравилось. Кроме того, она любила смотреться в зеркало, и хотя каждый раз находила там только себя, а всё-таки смотрела и смотрела.

А Петька был трус. Ему говорили, что он трус, но он отвечал, что зато он умный.

И верно: он был умный и замечал то, что другой и храбрый не заметит.

И вот однажды он заметил, что новый воспитатель каждое утро встаёт очень добрый, а к вечеру становится очень злой.

Это было удивительно! Утром ты хоть что у него попроси — никогда не откажет! К обеду он был уже довольно сердитый, а после мёртвого часа только гладил свою бороду и не говорил ни слова. А уж вечером!.. Лучше к нему не подходи! Он сверкал глазами и рычал.

Ребята пользовались тем, что по утрам он добрый. В реке сидели часа по два, стреляли из рогатки, дёргали девочек за косы. Каждый делал, что ему нравилось. Зато уж после обеда — нет! Все ходили смирные, вежливые и только прислушивались, не рычит ли где-нибудь Борода — так его прозвали.

Ребята, которые любили ябедничать, ходили к нему именно вечером, перед сном. Но он обыкновенно откладывал наказание на завтра, а утром вставал уже добрый-предобрый. С добрыми глазами и с доброй длинной чёрной бородой!

Это была загадка! Но это была ещё не вся загадка, а только половина.

Петька очень любил читать, должно быть, поэтому он и был такой умный. Он повадился читать, когда другие ребята ещё спали.

И вот однажды, проснувшись рано утром, он вспомнил, что оставил свою книгу в читальне. Читальня была рядом с комнатой

Бороды, и, когда Петька пробегал мимо, он подумал: «Интересно, какой Борода во сне?» Кстати, дверь в его комнату была открыта не очень, а как раз, чтобы заглянуть. Петька подошёл на цыпочках и заглянул.

Знаете, что он увидел? Борода стоял на голове! Пожалуй, можно было подумать, что это утренняя зарядка.

Борода постоял немного, а потом вздохнул и сел на кровать. Он сидел очень грустный и всё вздыхал. А потом — раз! И снова стал на голову, да так ловко, точно это было для него совершенно то же самое, что стоять на ногах. Это действительно была загадка!

Петька решил, что Борода прежде был клоуном или акробатом. Но зачем же ему теперь-то стоять на голове, да ещё рано утром, когда на него никто не смотрит? И почему он вздыхал и грустно качал головой?

Петька думал и думал, и хотя он был очень умный, но всё-таки ничего не понимал. На всякий случай он никому не рассказал, что новый воспитатель стоял на голове, — это была тайна! Но потом не выдержал и рассказал Тане.

Таня сперва не поверила.

— Врёшь, — сказала она.

Она стала хохотать и украдкой посмотрела на себя в зеркальце: ей было интересно, какая она, когда смеётся.

— А тебе это не приснилось?

— Нет.

— Будто не приснилось, а на самом деле приснилось.

Но Петька дал честное слово, и тогда она поверила, что это не сон.

Нужно вам сказать, что Таня очень любила нового воспитателя, даром что он был такой странный. Ей даже нравилась его борода. Он часто рассказывал Тане разные истории, и Таня готова была слушать их с утра до ночи.

И вот на другое утро — весь дом ещё спал — Петька и Таня встретились у читальни и на цыпочках пошли к Бороде. Но дверь была закрыта, и они только услышали, как Борода вздыхает.

А нужно вам сказать, что окно этой комнаты выходило на балкон, и, если влезть по столбу, можно было увидеть, стоит Борода на голове или нет. Петька струсил, а Таня полезла. Она влезла и посмотрела на себя в зеркальце, чтобы узнать, не очень ли она растрепалась. Потом на цыпочках подошла к окну, да так и ахнула: Борода стоял на голове!

Тут уж и Петька не выдержал. Хотя он был трус, но любопытный, а потом ему нужно было сказать Тане: «Ага, я тебе говорил!» Вот влез и он, и они стали смотреть в окно и шептаться.

Конечно, они не знали, что это окно открывалось внутрь. И когда Петька и Таня налегли на него и стали шептаться, оно вдруг распахнулось. Раз! — и ребята хлопнулись прямо к ногам Бороды, то есть не к ногам, а к голове, потому что он стоял на голове. Если бы такая история произошла вечером или после тихого часа, несдобровать бы тогда Тане и Петьке! Но Борода, как известно, по утрам бывал добрый-предобрый! Поэтому он встал на ноги и только спросил ребят, не очень ли они ушиблись.

Петька был ни жив ни мёртв. А Таня даже вынула зеркальце, чтобы посмотреть, не потеряла ли она бантик, пока летела.

— Ну что ж, ребята, — грустно сказал Борода, — я мог бы, конечно, сказать вам, что доктор прописал мне стоять на голове по утрам. Но не надо врать. Вот моя история.

Когда я был маленьким мальчиком — таким, как ты, Петя, — я был очень невежлив. Никогда, вставая из-за стола, я не говорил маме «Спасибо», а когда мне желали спокойной ночи, только показывал язык и смеялся. Никогда я вовремя не являлся к столу, и нужно было тысячу раз звать меня, пока я наконец отзывался. В тетрадях у меня была такая грязь, что мне самому было неприятно. Но раз уж я был невежливый, не стоило следить и за чистотой в тетрадях. Мама говорила: «Вежливость и аккуратность!» Я был невежливый — стало быть, и неаккуратный.

Никогда я не знал, который час, и часы казались мне самой ненужной вещью на свете. Ведь и без часов известно, когда хочется есть! А когда хочется спать, разве без часов не известно?

И вот однажды к моей няне (у нас в доме много лет жила старая няня) пришла в гости одна старушка.

Только она вошла, как сразу стало видно, какая она чистенькая и аккуратная. На голове у неё был чистенький платочек, а на носу очки в светлой оправе. В руках она держала чистенькую палочку, и вообще она была, должно быть, самая чистенькая и аккуратная старушка на свете.

Вот она пришла и поставила палочку в угол. Очки она сняла и положила на стол. Платочек тоже сняла и положила себе на колени.

Конечно, теперь бы мне понравилась такая старушка. Но тогда она мне почему-то ужасно не понравилась. Поэтому, когда она вежливо сказала мне: «Доброе утро, мальчик!» — я показал ей язык и ушёл.

И вот что я сделал, ребята! Я потихоньку вернулся, залез под стол и стащил у старушки платочек. Мало того, я стащил у неё из-под носа очки. Потом я надел очки, повязался платочком, вылез из-под стола и стал ходить, сгорбившись и опираясь на старушкину палку.

Конечно, это было очень плохо. Но мне показалось, что старушка не так уж обиделась на меня. Она только спросила, всегда ли я такой невежливый, а я вместо ответа опять показал ей язык.

«Слушай, мальчик, — сказала она, уходя. — Я не могу научить тебя вежливости.

Но зато я могу научить тебя точности, а от точности до вежливости, как известно, только один шаг. Не бойся, я не превращу тебя в стенные часы, хотя и стоило бы, потому что стенные часы — это самая вежливая и точная вещь в мире. Никогда они не болтают лишнего и только знай себе делают своё дело. Но мне жаль тебя. Ведь стенные часы всегда висят на стене, а это скучно. Лучше я превращу тебя в песочные часы».

Конечно, если бы я знал, кто эта старушка, я бы не стал показывать ей язык. Это была фея Вежливости и Точности — недаром она была в таком чистеньком платочке, с такими чистенькими очками на носу...

И вот она ушла, а я превратился в песочные часы. Конечно, я не стал настоящими песочными часами. Вот у меня, например, борода, а где же видана у песочных часов борода! Но я стал совсем как часы. Я стал самым точным человеком на свете. А от точности до вежливости, как известно, только один шаг.

Наверное, вы хотите спросить меня, ребята: «Тогда почему же вы такой грустный?» Потому что самого главного фея Вежливости и Точности мне не сказала. Она не сказала, что каждое утро мне придётся стоять на голове, потому что за сутки песок пересыпается вниз, а ведь когда в песочных часах песок пересыпается вниз, их нужно перевернуть вверх ногами. Она не сказала, что по утрам, когда часы в порядке, я буду добрым-предобрым, а чем ближе к вечеру, тем буду становиться всё злее. Вот почему я такой грустный, ребята! Мне совсем не хочется быть злым, ведь на самом деле я действительно добрый. Мне совсем не хочется каждое утро стоять на голове. В мои годы это неприлично и глупо. Я даже отрастил себе длинную бороду, чтобы не было видно, что я такой грустный. Но мало помогает мне борода!

Конечно, ребята слушали его с большим интересом. Петька смотрел ему прямо в рот, а Таня ни разу не взглянула в зеркальце, хотя было бы очень интересно узнать, какая она, когда слушает историю о песочных часах.

— А если найти эту фею, — спросила она, — и попросить, чтобы она снова сделала вас человеком?

— Да, это можно сделать, конечно, — сказал Борода. — Если тебе меня действительно жаль.

— Очень, — сказала Таня. — Мне вас очень жаль, честное слово. Тем более если бы вы были мальчик, как Петька... А воспитателю стоять на голове неудобно.

Петька тоже сказал, что да, жаль, и тогда Борода дал им адрес феи Вежливости и Точности и попросил их похлопотать за него.

Сказано — сделано! Но Петька вдруг испугался. Он сам не знал, вежливый он или невежливый. А вдруг фее Вежливости и Точности захочется и его во что-нибудь превратить?

И Таня отправилась к фее одна...

Это была самая чистенькая комната в мире! На чистом полу лежали разноцветные чистые половики. Окна были так чисто вымыты, что даже нельзя было определить, где кончается стекло и начинается воздух. На чистом подоконнике стояла герань, и каждый листик так и блестел.

В одном углу стояла клетка с попугаем, и у него был такой вид, как будто он каждое утро моется мылом. А в другом — висели ходики. Что это были за чу́дные ходики! Они не говорили ничего лишнего, а только «тик-так», но это значило: «Вы хотите узнать, который час? Пожалуйста».

Сама фея сидела у стола и пила чёрный кофе.

— Здравствуйте! — сказала ей Таня.

И поклонилась так вежливо, как только могла. При этом она посмотрела в зеркальце, чтобы узнать, как это у неё получилось.

— Ну что же, Таня, — сказала фея, — я ведь знаю, зачем ты пришла. Но нет, нет! Это очень противный мальчишка.

— Он уже давно не мальчишка, — сказала Таня. — У него длинная чёрная борода.

— Для меня он ещё мальчишка, — сказала фея. — Нет, пожалуйста, не проси за него! Я не могу забыть, как он стащил мои очки и платочек и как передразнивал меня, сгорбившись и опираясь на палку. Надеюсь, что с тех пор он довольно часто обо мне вспоминает.

Таня подумала, что с этой старой тётушкой нужно быть очень вежливой, и на всякий случай поклонилась ей снова. При этом она снова посмотрела в зеркальце, чтобы узнать, как это у нее получилось.

— А может быть, вы всё-таки расколдовали бы его? — попросила она. — Мы его очень любим, особенно по утрам. Если в лагере узнают, что ему приходится стоять на голове, над ним станут смеяться. Я его так жалею...

— Ах, ты его жалеешь? — заворчала фея. — Это другое дело. Это первое условие для того, чтобы я простила. Но под силу ли тебе второе условие?

— Какое же?

— Ты должна отказаться от того, что тебе нравится больше всего на свете. — И фея показала на зеркальце, которое Таня как раз вынула из кармана, чтобы узнать, как она выглядит, когда разговаривает с феей. — Ты не должна смотреться в зеркальце ровно год и один день.

Вот тебе раз! Этого Таня не ожидала. Целый год не смотреться в зеркало? Как же быть? Завтра в пионерском лагере прощальный бал, и Таня как раз собиралась надеть новое платье, то самое, которое она хотела надеть целое лето.

— Это очень неудобно, — сказала она. — Например, утром, когда заплетаешь косы. Как же без зеркала? Ведь я тогда буду растрёпанная, и вам самой это не понравится.

— Как хочешь, — сказала фея.

Таня задумалась.

«Конечно, это ужасно. Ведь, по правде говоря, я смотрюсь в зеркальце каждую минуту, а тут здравствуйте! Целый год да ещё целый день! Но ведь мне это всё-таки легче, чем бедному Бороде каждое утро стоять вверх ногами».

— Я согласна, — сказала она. — Вот моё зеркальце. Я приду за ним через год.

— И через день, — проворчала фея.

И вот Таня вернулась в лагерь. По дороге она старалась не смотреться даже в лужи, которые попадались ей навстречу. Она не должна была видеть себя ровно год и день. Ох, это очень долго! Но раз она решила, значит, так и будет.

Конечно, Петьке она рассказала, в чём дело, а больше никому, потому что хотя была и храбрая, но всё-таки побаивалась, что девчонки возьмут да и подсунут зеркальце — и тогда всё пропало! А Петька не подсунет.

— Интересно, а если ты увидишь себя во сне? — спросил он.

— Во сне не считается.

— А если ты во сне посмотришься в зеркальце?

— Тоже не считается.

Бороде она просто сказала, что фея расколдует его через год и день. Он обрадовался, но не очень, потому что не очень поверил.

И вот для Тани начались трудные дни. Пока она жила в лагере, ещё можно было кое-как обходиться без зеркала. Она попросила Петьку:

— Будь моим зеркалом!

И он смотрел на неё и говорил, например: «Кривой пробор» или «Бант завязан косо». Он замечал даже то, что самой Тане в голову не приходило. Кроме того, он уважал её за сильную волю, хотя и считал, что год не смотреться в зеркало — это просто ерунда. Он, например, хоть бы и два не смотрелся!

Но вот кончилось лето, и Таня вернулась домой.

— Что с тобой, Таня? — спросила её мама, когда она вернулась. — Ты, наверное, ела черничный пирог?

— Ах, это потому, что перед отъездом я не видела Петьки, — отвечала Таня.

Она совсем забыла, что мама ничего не знает об этой истории. Но Тане не хотелось рассказывать: а вдруг ничего не выйдет?

Да, это была не шутка! День проходил за днём, и Таня даже забыла, какая она, а прежде думала, что хорошенькая. Теперь случалось, что она воображала себя красавицей, а сама сидела с чернильной кляксой на лбу! А иногда, наоборот, она казалась себе настоящим уродом, а сама была как раз хорошенькая — румяная, с толстой косой, с блестящими глазами.

Но всё это пустяки в сравнении с тем, что случилось во Дворце пионеров.

В городе, где жила Таня, должен был открыться Дворец пионеров. Это был превосходный дворец! В одной комнате стоял капитанский мостик, и можно было кричать в рупор: «Стоп! Задний ход!» В кают-компании ребята играли в шахматы, а в мастерских учились делать игрушки — не какие-нибудь, а самые настоящие. Игрушечный мастер в чёрной круглой шапочке говорил ребятам: «Это так» или «Это не так». В зеркальном зале были зеркальные стены и, куда ни взглянешь, всё было из зеркального стекла — столы, стулья и даже гвоздики, на которых в зеркальных рамах висели картины. Зеркала отражались в зеркалах — и зал казался бесконечным.

Целый год ребята ждали этого дня, многие должны были выступить и показать своё искусство. Скрипачи по целым часам не расставались со скрипками, так что даже их родители должны были время от времени закладывать уши ватой. Художники ходили перемазанные красками. Танцоры упражнялись с утра до вечера, и среди них — Таня.

Как она готовилась к этому дню! Ленточки, которые заплетают в косы, она гладила восемь раз — ей всё хотелось, чтобы в косах они остались такими же гладкими, как на гладильной доске. Танец, который Таня должна была исполнить, она каждую ночь танцевала во сне.

И вот наступил торжественный день. Скрипачи в последний раз взялись за свои скрипки, и родители вынули вату из ушей, чтобы послушать их менуэты и вальсы. Таня в последний раз протанцевала свой танец. Пора! И все побежали во Дворец пионеров.

Кого же Таня встретила у подъезда? Петьку.

Конечно, она сказала ему:

— Будь моим зеркалом!

Он осмотрел её со всех сторон и сказал, что всё хорошо, только нос как картошка. Но Таня так волновалась, что ему не попало.

Был здесь и Борода. Открытие было назначено на двенадцать часов утра, и он поэтому был ещё добрый. Его посадили в первом ряду, потому что нельзя же человека с такой длинной прекрасной бородой посадить во втором или третьем. Он сидел и с нетерпением ждал, когда выступит Таня.

И вот скрипачи исполнили свои вальсы и менуэты, а художники показали, как чудесно они умеют рисовать, и Главный Распорядитель с большим голубым бантом на груди прибежал и крикнул:

— Таня!

— Таня! Таня! На сцену! — закричали ребята.

— Сейчас будет танцевать Таня, — с удовольствием сказал Борода. — Но где же она?

В самом деле, где же она? В самом тёмном уголке она сидела и плакала, закрыв лицо руками.

— Я не буду танцевать, — сказала она Главному Распорядителю. — Я не знала, что мне придётся танцевать в зеркальном зале.

— Что за глупости! — сказал Главный Распорядитель. — Ведь это очень красиво!

Ты увидишь себя сразу в сотне зеркал. Неужели тебе это не нравится? Первый раз в жизни встречаю такую девочку!

— Таня, ты обещала — значит, должна! — сказали ребята.

Это было совершенно верно: она обещала — значит, должна. И никому она не могла объяснить, в чём дело, только Петьке! Но Петька в это время стоял на капитанском мостике и говорил в рупор: «Стоп! Задний ход!»

— Хорошо, — сказала Таня, — я буду танцевать.

Она была в лёгком белом платье, таком лёгком, чистом и белом, что сама фея Вежливости и Точности, которая так любила чистоту, осталась бы им довольна.

Прекрасная девочка! На этом все сошлись, едва она появилась на сцене. «Однако посмотрим, — сказали все про себя, — как она будет танцевать».

Конечно, она очень хорошо танцевала, особенно когда можно было кружиться на одном месте, или кланяться, приседая, или красиво разводить руками. Но странно: когда нужно было бежать через сцену, она останавливалась на полдороге и вдруг поворачивала назад. Она танцевала, как будто сцена была совсем маленькая, а нужно вам сказать, что сцена была очень большая и высокая, как и полагается во Дворце пионеров.

— Да, недурно, — сказали все. — Но, к сожалению, не очень, не очень! Она танцует неуверенно. Она как будто чего-то боится!

И только Борода находил, что Таня танцует прекрасно.

— Да, но посмотрите, как странно она протягивает руки перед собой, когда бежит через сцену, — возразили ему. — Она боится упасть. Нет, эта девочка, пожалуй, никогда не научится хорошо танцевать.

Эти слова как будто донеслись до Тани. Она понеслась по сцене — ведь в зеркальном зале было много её друзей и знакомых, и ей очень хотелось, чтобы они увидели, как хорошо она умеет танцевать. Больше она ничего не боялась, во всяком случае, никто больше не мог сказать, что она чего-то боится.

И во всём огромном зеркальном зале только один человек всё понимал! Как же он волновался за Таню! Это был Петька.

«Вот так девочка!» — сказал он про себя и решил, что непременно нужно будет стать таким же храбрым, как Таня.

«Ох, только бы поскорее кончился этот танец!» — думал он, но музыка всё играла, а раз музыка играла, Таня, понятно, должна была танцевать.

И она танцевала всё смелее и смелее. Всё ближе подбегала она к самому краю сцены, и каждый раз у Петьки замирало сердце.

«Ну, музыка, кончайся, — говорил он про себя, но музыка всё не кончалась. — Ну, миленькая, скорее», — всё говорил он, но музыка знай себе играла да играла.

— Смотрите-ка, да ведь эта девочка прекрасно танцует! — сказали все.

— Ага, я вам говорил! — сказал Борода.

А в это время Таня, кружась и кружась, всё приближалась к самому краю сцены. Ах! И она упала.

Вы не можете себе представить, какой переполох поднялся в зале, когда, ещё кружась в воздухе, она упала со сцены! Все испугались, закричали, бросились к ней и испугались ещё больше, когда увидели, что она лежит с закрытыми глазами. Борода в отчаянии стоял перед ней на коленях. Он боялся, что она умерла.

— Доктора, доктора! — кричал он.

Но громче всех кричал, разумеется, Петька.

— Она танцевала с закрытыми глазами! — кричал он. — Она обещала не смотреться в зеркало ровно год и день, а прошло ещё только полгода! Не беда, что у неё закрыты глаза! В соседней комнате она их откроет!

Совершенно верно! В соседней комнате Таня открыла глаза.

— Ох, как я плохо танцевала, — сказала она.

И все засмеялись, потому что она танцевала прекрасно.

Пожалуй, на этом можно было бы окончить Сказку о Песочных Часах. Да нет, нельзя! Потому что на другой день сама фея Вежливости и Точности пришла к Тане в гости.

Она пришла в чистеньком платочке, а на носу у неё были очки в светлой оправе. Свою палочку она поставила в угол, а очки сняла и положила на стол.

— Ну, здравствуй, Таня! — сказала она.

И Таня поклонилась ей так вежливо, как только могла. При этом она подумала: «Интересно, а как это у меня получилось?»

— Ты исполнила своё обещание, Таня, — сказала ей фея. — Хотя прошло ещё только полгода и полдня, но ты отлично вела себя за эти полдня и полгода. Что ж, придётся мне расколдовать этого противного мальчишку.

— Спасибо, тётя фея, — сказала Таня.

— Да, придётся расколдовать его, — с сожалением повторила фея, — хотя он вёл себя тогда очень плохо. Надеюсь, с тех пор он чему-нибудь научился.

— О да! — сказала Таня. — С тех пор он стал очень вежливым и аккуратным. И потом, он уже давно не мальчишка. Он такой почтенный дядя, с длинной чёрной бородой!

— Для меня он ещё мальчишка, — возразила фея. — Ладно, будь по-твоему. Вот тебе твоё зеркальце. Возьми его! И помни, что в зеркальце не следует смотреться слишком часто.

С этими словами фея вернула Тане её зеркальце и исчезла.

И Таня осталась вдвоём со своим зеркальцем.

— Ну-ка, посмотрим, — сказала она себе.

Из зеркальца на неё смотрела всё та же Таня, но теперь она была решительная и серьёзная, как и полагается девочке, которая умеет держать своё слово.

Конечно, вы хотите узнать, ребята, что теперь поделывает Борода? Фея расколдовала его, так что теперь он уже нисколько не похож на песочные часы — ни внутри, ни снаружи. Больше он не стоит по утрам на голове. Но по вечерам он ещё иногда бывает злой, и когда его спрашивают: «Что с вами? Почему вы такой злой?» — он вежливо отвечает: «Не беспокойтесь, пожалуйста, это привычка».

ЛИТЕРАТУРНЫЕ ЧТЕНИЯ

1. Сказка Вениамина Александровича Каверина — сказка литературная, в ней легко различаются зачин и вступление, ряд частей (эпизодов) и, конечно, концовка.

Читайте в классе сказку по очереди. Отмечайте, где заканчивается определённая часть, думайте, совещайтесь, как её озаглавить. Выбирайте такие заглавия, чтобы каждое отражало содержание и вызывало желание прочитать отрывок-эпизод. Записывайте заглавия каждой части.

Сколько уроков вам понадобилось, чтобы дочитать сказку не торопясь?

Теперь ты знаешь, как организовать с друзьями «Чтение с продолжением».

2. Перед тобой план сказки, который вы составили вместе с друзьями, читая её. Он вам поможет ориентироваться в тексте произведения. Прочитай план, вспомни сказку.

Мальчик и девочка — герои сказки. Как их зовут? О чём рассказывают их фамилии? Какую характеристику им даёт автор, где дана эта характеристика?

До конца повествования они остаются такими же, какими мы их видели вначале? Что изменилось и почему? Читай, дополняй ответы одноклассников.

Какие качества помогают Тане выполнить обещание? Почему фея сняла с неё зарок преждевременно? Что заставило девочку пройти испытание? Стоило ли Тане подвергать себя такому испытанию?

Как вёл себя Петька в то время, когда Таня проходила испытание?

Как ты представляешь себе фею Вежливости и Точности? Прочитай описание её внешности и поведения.

Можно ли утверждать, что эта сказка о хороших людях и добрых поступках?

3. Проиллюстрируй сказку. Нарисуй эпизоды, героев.

Организуйте на доске выставку иллюстраций по страницам сказки В. А. Каверина «Песочные Часы».

Рассматривай иллюстрации, подбирай к ним тексты из сказки. Прочитай их выразительно.

Представь, что на аллее литературных героев в городе Книгограде стоят два памятника: фея Вежливости и Точности и хорошие люди — герои сказки В. А. Каверина.

Как могли бы выглядеть памятники, что было бы написано на их постаментах?

К уроку приготовь выставку различных изданий этой и других сказок В. А. Каверина. Рассмотри иллюстрации художников к этой сказке.

Б. В. Заходер

ПРО СОМА

Всё приходится сому
С детства
Делать самому.
Даже крошечным сомишкам
Надо жить своим умишком!

Сам
Еду себе найди.
Сам
В беду не попади.
Не пожалуешься маме!
Сам справляйся —
Сам
С усами!

Трудно жить
Без пап и мам!
Трудно
Маленьким сомам!
Но зато уж взрослый сом
Не ударит в грязь лицом!
Он лежит себе
На дне
Самостоятельный вполне!

Я. М. Тайц

ЛЕТОМ

Стоял невыносимо жаркий июльский день. В поисках тени я спустился в метро. Там было очень хорошо. Мраморный вестибюль был полон прохлады.

Я подошёл к кассе. Впереди меня брали билеты пионер и пионерка — оба светловолосые, загорелые, с короткими весёлыми носами. На ней было белое платье и тапочки на босу ногу, а на нём — ковбойка и трусы, а на ногах ничего, кроме загара и пыли.

Я зашагал за ними, думая: «Может, они будут говорить что-нибудь такое, что мне потом пригодится для детского рассказа». Но они ничего такого не говорили, а просто, взявшись за руки, весело болтали.

Вот они подошли к эскалатору, нараспев прочитали:

Внимание! Движущаяся лестница — и предъявили билетики.

Контролёрша надорвала было билетики, но вдруг спохватилась:

— Девочка, проходи. А ты, сынок, останься.

— Почему? — спросил мальчик.

— Как почему? — ответила контролёрша. — Ты босой, а мы босых на эскалатор не пускаем.

— Но почему же? — удивился мальчик.

— Опять почему? Да потому, что ступишь босой пяткой, зацепишься ещё за что-нибудь, а мы потом отвечай!

— Тётенька, пустите его! — вступилась девочка. — Ведь это он просто закаляется.

— Ну и пускай закаляется, — ответила контролёрша, — только не на эскалаторе. Ребятки, отойдите в сторонку, не мешайте движению!

Ребята отошли в сторонку и стали советоваться, как быть. А я издали, из-за колонны, слежу за ними. Мне интересно: покинет ли пионерка своего товарища в трудную минуту или поплетётся вместе с ним по раскалённой, знойной Москве?

И вот вижу: они поговорили, потом она махнула ему рукой и пошла к эскалатору, а он остался. Мне даже обидно стало. Вот, думаю, все они, девчонки, таковы! Чуть какая трудность, они на попятную.

Я поехал за ней.

Внизу она подошла к соседнему эскалатору и — раз, раз! — быстро скинула обе тапочки и опустила их на нижнюю ступеньку. И сразу же обе тапочки — и левая и правая — поехали вверх.

Они ехали очень важно, эти порядком стоптанные тапочки. Они занимали отдельную ступеньку. Пассажиры осторожно обходили их.

Вот обе тапочки подкатили к мальчику. Он их подхватил, стал напяливать на ноги...

— Смотри не разорви! — сказала контролёрша.

Но лестница уже понесла мальчика к подруге, которая ждала его внизу, пальцами маленьких ног трогая холодные глазурованные плитки на полу.

Конечно, ничего в этом особенного нет, но мне просто понравилось, как тапочки сами ехали, точно Бог весть какие важные персоны.

ЛИТЕРАТУРНЫЕ ЧТЕНИЯ

Яков Моисеевич Тайц и Борис Владимирович Заходер показали читателям, что такое лукавая шутка, добрый намёк, внимание к окружающему. А как это показано? Прочитал? Рассуждай!

Е. А. Пермяк

МАМА И МЫ

Если обо всём своём детстве говорить, недели, пожалуй, мало будет. А так, кое-что, — пожалуйста. Вот, например, случай был...

Мы задержались в школе, потому что заканчивали выпуск стенной газеты. Когда мы вышли, уже смеркалось. Было тепло. Падал крупный, пушистый снег. Видимо, поэтому Тоня и Лида дорогой танцевали танец снежинок. Мой младший брат, ожидавший меня, чтобы идти вместе, подсмеивался над ними:

— Скачут, как первоклассницы!

Снег падал всё гуще и гуще. Танцевать стало нельзя. Снегу навалило до половины валенка.

— Не заблудиться бы! — предупредил нас, на правах самого дальновидного, мой младший братец.

— Да ну тебя, трусишка! — отозвалась Лида. — Через пятнадцать минут будем дома.

Снегопад между тем усиливался. Забеспокоился и я, зная, как жестоки наши степные сибирские метели. Случалось, что люди теряли дорогу, находясь близ своего дома. Я посоветовал прибавить ходу, но этого сделать уже было нельзя по глубокому слою снега, покрывшему дорогу.

Стало ещё темнее. Наступила какая-то белая снежная темнота. А потом началось то, чего я опасался. Снежинки вдруг закружились... Закружились в таком танце, что через несколько минут началась настоящая пурга, вскоре перешедшая в большой буран.

Девочки закутали лица платками. Мы с Федей опустили у шапок уши. Узенькая дорожка, которая вела в наше сельцо, то и дело исчезала под ногами. Я шёл первым, стараясь не потерять под ногами дорожный накат. До дому оставалось менее версты. Я верил, что мы выберемся благополучно.

Напрасно.

Дорога исчезла. Будто её из-под ног украл кто-то очень недобрый из сказки моей бабушки. Может быть, Шальная Метелица... может быть, злой старик Буран Буранович.

— Вот, я же говорил! — упрекнул нас Федя.

Лида ещё бодрилась, а Тоня почти плакала. Она уже побывала в пурге со своим отцом. Она ночевала в снежной степи. Но тогда в санях был запасной тёплый тулуп, и Тоня, укрытая им, благополучно проспала ночь. А теперь?

Теперь мы уже выбивались из сил. Я не знал, что делать дальше. Снег таял на моём лице, и лицо от этого обледеневало. Ветер свистел на все лады. Чудились волки.

И вдруг в вое ветра я услышал спокойный голос матери:

«Кого ты испугался? Пурги? Тебе хочется кричать? Кто тебя услышит при таком ветре! Может быть, ты надеешься, что вас найдут собаки? Зря. Какая собака пойдёт в степь при такой погоде! У тебя осталось только одно: зарыться в снег».

Я так отчётливо слышал голос моей матери, отлично зная, что маминым голосом я разговариваю сам с собой в моём воображении. И я сказал:

— Мы сбились с дороги. Мы можем выбиться из сил и замёрзнуть. Давайте зарываться в снег, как это делают кочевники.

Видимо, я объявил об этом так твёрдо, что никто не возразил мне. Только Тоня плачущим голосом спросила:

— А как?

И я ответил:

— Так же, как куропатки.

Сказав так, я первым начал рыть колодец в глубоком февральском снегу. Я его начал рыть сначала школьной сумкой, но сумка оказалась толста; тогда я вынул из сумки географический атлас в прочном картонном переплёте. Дело пошло быстрее. Меня сменил брат, потом Тоня.

Тоня даже развеселилась:

— Тепло как! Попробуй, Лидочка. Разогреешься.

И мы стали поочерёдно рыть колодец в снегу. После того как колодец достиг нашего роста, мы стали прорывать пещерку в его снежном боку. Когда метель заметёт колодец, мы окажемся под снежной крышей вырытой пещерки.

Вырыв пещерку, мы стали размещаться в ней. Ветер вскоре замёл снегом колодец, не задувая в пещерку. Мы оказались под снегом, как в норе. Будто тетерева. Ведь и они, бросаясь с дерева в сугроб и «утонув» в нём, потом проделывают подснежные ходы и чувствуют себя там самым великолепным образом.

Усевшись на школьные сумки, согревая нашим дыханием маленькое пространство нашей каморки, мы почувствовали себя довольно уютно. Если бы ко всему этому ещё оказался огарок свечи, мы могли бы видеть друг друга.

У меня был с собой кусок свиного сала, оставшийся от завтрака. И если бы спички, я бы сделал фитиль из носового платка и у нас бы появился светильник. Но спичек не было.

— Ну вот мы и спаслись, — сказал я.

Тут Тоня неожиданно объявила мне:

— Коля, если ты захочешь, я подарю тебе моего Топсика.

Топсиком назывался ручной суслик.

Суслик мне был не нужен. Я ненавидел сусликов. Но мне было очень приятно Тонино обещание. Я понимал, чем вызван этот щедрый порыв души. Да и все понимали. Не зря же Лида сказала:

— Ты, Николай, теперь у нас сила! Мужчина!

В её голосе я снова услышал голос мамы. Видимо, в каждой женщине, пусть ей всего только двенадцать лет, есть какая-то материнская хитринка, подбадривающая мужчину, даже если этому мужчине двенадцать лет.

Я почувствовал себя в самом деле сильным и стал рассказывать бабушкины сказки. Я их стал рассказывать потому, что боялся уснуть. А когда я усну — уснут и остальные. А это было опасно. Можно замёрзнуть. Одну за другой я рассказал, наверное, тридцать, а может быть, и больше сказок. Когда же вышел запас бабушкиных сказок, я стал придумывать свои. Но, видимо, придуманные мною сказки были скучными. Послышался лёгкий храпоток.

— Кто это?

— Это Тоня, — ответила Лида. — Она уснула. Мне тоже хочется спать. Можно? Я вздремну только одну минуточку.

— Нет, нет! — запретил я. — Это опасно. Это смертельно опасно.

— Почему же? Смотри, как тепло!

Тут я нашёлся и соврал так удачно, что после этого никто не пожелал даже дремать. Я сказал:

— Волки нападают на спящих. Они только того и ждут, чтобы услышать, как храпит человек.

Сказав так, я привёл уйму случаев, выдумываемых мною с такой быстротой, что даже не верится сейчас, как это я мог...

Теперь рассказывали другие. По очереди.

Время шло медленно, и я не знал, полночь сейчас или, может быть, уже брезжит рассвет. Колодец, вырытый нами, давно замела пурга.

Пастухи-кочевники, оказываясь в таком же положении, выставляли из снега высокий шестик. Они специально брали его в степь на случай бурана, чтобы потом их можно было найти, отрыть.

У нас не было шеста, и нам не на что было надеяться. Только на собак. Но и они бы не учуяли нас сквозь толщу снега.

Моё сало давно было разделено и съедено, как и Лидин ломоть хлеба.

Всем казалось, что уже наступило утро, и хотелось верить, что пурга кончилась. А я боялся прорываться наверх. Это значило забить снегом пещерку, вымокнуть и, может быть, очутиться снова в белой снежной мгле. Но каждый из нас понимал, какое беспокойство мы причинили всем. Нас, может быть, ищут, кличут в степи... И я представил свою маму, которая кричит сквозь ветер:

«Колюнька... Федюнька... Отзовитесь!..»

Подумав об этом, я стал прорываться наверх. Снежная крыша над нами оказалась не столь толста. Мы увидели бледнеющую луну и гаснущие звёзды. Занималась какая-то сонливая, словно невыспавшаяся, бледная заря.

— Утро! — крикнул я и стал проделывать ступени в снегу, чтобы выбраться остальным.

С неба сыпались запоздалые снежинки. Я сразу же увидел наш ветряк. Дым из труб поднимался тонкими, будто туго натянутыми струнами. Люди проснулись. А может быть, они и не спали в эту ночь...

Вскоре мы увидели наших ребят. Они обрадованно бежали к нам и кричали:

— Живые! Все четверо! Живые!

Мы бросились к ним навстречу. Я не стал медлить и слушать, что рассказывали об этой ночи, обо мне Тоня и Лида. Я побежал к нашему домику.

Саней на дворе не было — значит, отец ещё не вернулся. Открыв дверь, далеко оставив за собой Федюньку, я бросился к маме. Бросился и... что было, то было... и заплакал.

— Да о чём ты? — спросила мать, утирая мне слёзы передником.

И я сказал:

— О тебе, мама... Ты, наверное, голову потеряла без нас.

Мать усмехнулась. Освободилась из моих объятий и подошла к кроватке Леночки. Это наша младшая сестра. Подошла и поправила одеяльце. И сказала ей: «Спи». Хотя та и без того спала и одеяльце незачем было поправлять. Потом она подошла к подоспевшему Федюньке и спросила:

— Валенки не промокли?

— Нет, — ответил он. — Под валенками атлас был. Полушубок вот подмок. Есть я хочу...

— Переобувайтесь да живо за стол, — сказала мать, ничего не спросив о минувшей ночи.

«Да любит ли она нас? — впервые подумал я. — Любит ли? Может, эта ревунья Леночка у неё один свет в глазу?»

Когда мы съели по две тарелки горячих щей, мать сказала:

— Я постлала, ложитесь. В школу не пойдёте. Нужно выспаться.

Я не мог уснуть, а спать хотелось. Я пролежал до полудня в тёмной горнице, с закрытыми ставнями.

Нас позвали обедать. Приехал отец. Он уже знал всё от Лиды и Тони. Он хвалил меня. Обещал мне купить маленькое, но настоящее ружьё. Он удивлялся моей находчивости.

А мать?..

Мать сказала:

— Парню тринадцатый год. И смешно было бы, если бы он растерялся в метель да себя с товарищами не спас.

— Анюта!.. — укоризненно заметил отец матери.

А мама перебила отца и сказала:

— Ешь давай! Каша стынет. Хватит разговоры разговаривать! За уроки им браться надо. Ночь пробродяжничали, день потеряли...

После обеда Тоня принесла мне Топсика. Я не взял его.

Лидина мать, Марфа Егоровна, явилась с большим гусаком и, низко поклонившись матери, сказала:

— Спасибо тебе, Анна Сергеевна, что такого сына вырастила! Двух девок спас. У Тоньки-то сёстры есть, а Лидка-то ведь у меня одна...

Когда Марфа Егоровна кончила свои причитания, мама сказала:

— Как тебе не стыдно, Марфа, моего недотёпу Кольку героем выставлять! — и, повернувшись, наотрез отказалась взять гусака.

Вечером мы остались с бабушкой вдвоём. Мать ушла на станцию, к фельдшеру. Сказала, что угорела — болит голова.

С бабушкой мне всегда было легко и просто. Я спросил её:

— Бабушка, хоть ты скажи мне правду: за что нас так не любит мать? Неужели мы в самом деле такие нестоящие?

— Дурень ты, больше никто! — ответила бабушка. — Мать всю ночь не спала. Ревела, как умалишённая. С собакой по степи вас искала. Колени обморозила... Только ты ей, смотри, об этом ни гугу! Какова она есть, такую и любить надо. Я её люблю...

Вскоре вернулась мать. Она сказала бабушке:

— Фельдшер дал порошки от головы. Говорит, чепуха. Через месяц пройдёт.

Я бросился к матери и обнял её ноги. Сквозь толщу юбок я почувствовал, что её колени забинтованы. Но я даже не подал виду. Я никогда ещё не был так ласков с нею. Я никогда ещё так не любил свою мать. Обливаясь слезами, я целовал её обветренные руки.

А она всего лишь, как бы между прочим, будто телёнка, погладила меня по голове и ушла, чтобы лечь. Видимо, стоять ей было трудно.

В холодной холе растила и закаливала нас наша любящая и заботливая мать. Далеко смотрела она. И худого из этого не получилось. Федюнька теперь дважды Герой. И про себя я кое-что мог бы сказать, да матерью строго-настрого завещано как можно меньше говорить о себе.

1958 г.

ЛИТЕРАТУРНЫЕ ЧТЕНИЯ

1. Читай рассказ по частям. Отвечая на вопросы, убеждай доказательно, перечитывай.

Что узнал из вступительной части о ребятах?

Когда начинаются главные события рассказа?

Как встретили пургу ребята? Испугались, растерялись? О чём говорит их поведение?

Как ребята спасались от пурги? Что помогло найти правильный выход?

Николай — ответственный за младших. Почему мальчик колебался, а поступал как старший? Что ему помогало в трудную минуту? Каковы были его действия, мысли, поступки?

Что привлекает читателя в этих ребятах?

2. Ребята возвратились домой. Как их встретили? Что можно сказать о каждом члене их семьи? Соседях? Какие эпизоды показывают отношения среди родных и соседей?

Рассказ называется «Мама и мы». Хорошие дети у мамы? А что за человек — мама? Доброта, требовательность — живут они рядышком? Что такое материнская забота, внимание, ласка? Всегда ли их могут увидеть и оценить дети?

3. Перечитываем произведение в классе. Подготовь для чтения вслух наиболее значимые для тебя отрывки из рассказа Евгения Андреевича Пермяка. Прочитай. Послушай чтение товарищей. Подумай, почему именно эти отрывки привлекли внимание читателей.

А. Г. Алексин

ГДЕ КВАРТИРА ЕГОРОВА?

Из цикла рассказов об отце «Звоните и приезжайте!..»

— Ты знаешь, я почти физически ощущаю страдания своих пациентов, — сказал мне однажды папа. Сказал тихо, чтобы мама и бабушка не услышали. Он даже тихо стесняется говорить им такие слова, потому что они кажутся ему слишком громкими. А может, он просто не хочет, чтобы мама знала, как часто он «физически» ощущает страдания.

А мне папа рассказывает обо всём! Даже о том, что всю жизнь, начиная с четвёртого класса, он любит одну только маму.

— Некоторые приятели удивляются этому, — сказал как-то папа.

— Пусть удивляются! — сказал я. — Несчастные! Просто они никогда не встречали таких женщин, как мама... — В общем, от меня у папы не бывает секретов.

Мне кажется, что, если когда-нибудь мне будут делать тяжёлую операцию, я перенесу её очень легко. Потому что обо всех тяжёлых операциях, которые приходится делать папе, он мне подробно рассказывает, и я к ним как-то уже привык.

Ведь надо же ему с кем-то делиться! Женщин он не хочет расстраивать. А мужчина, кроме него, в доме только один. Это я!

Всех тяжёлых больных я знаю по имени-отчеству. И родственников их знаю, потому что они без конца звонят нам по телефону. Папа им сообщает: «Сегодня мы вашего мужа начали поворачивать!», «Ваш сын научился ходить! Да, опять... И уже дошёл до окна! Представляете?»

— Можно подумать, что у вас в больнице нет справочного бюро, — сказала однажды бабушка.

— Близкие люди иногда переносят операцию трудней, чем сами больные, — ответил папа. — Ведь им не дают наркоза! Вот я и стараюсь хотя бы по телефону производить «обезболивание».

Папе всегда известно, где и кем работают его пациенты, о чём мечтают и сколько у них детей.

— Нельзя вторгаться в чужую жизнь, не зная её! — говорит он. — Особенно так решительно, как делаем это мы, хирурги...

Папа всегда очень боится разволновать маму и бабушку. Поэтому, когда по утрам он весело и громко поёт, я знаю, что на душе у него очень грустно. Или, вернее сказать, тревожно. Тогда я тихонько затаскиваю папу на кухню или в ванную комнату и спрашиваю:

— Что, сегодня тяжёлая операция? Ты волнуешься?

— Лёгких операций не бывает, — почти всегда отвечает папа. А потом сознаётся: — Да, много отягчающих обстоятельств... — Или что-нибудь вроде этого.

Ну, я в ответ говорю, что верю в него, — на душе у папы сразу становится легче, и он перестаёт петь.

Днём я сообщаю бабушке:

— Надо узнать, как у Женьки дела с геометрией! — Набираю номер больницы и, когда папа подходит, спрашиваю: — Ну как? Ты решил задачу?

Папа сразу меня понимает. Мы с ним вообще понимаем друг друга.

И когда вечером он приходит домой, я по его лицу точно угадываю — есть осложнения или нет, очень высокая температура или не очень...

Но однажды папино лицо было таким, что я ничего не понял. Папа был не грустным и не весёлым. Он был н и к а к и м. И походка была чужая. Вернее сказать, и походки тоже никакой не было... Я испугался.

— Что-нибудь случилось? — прошептал я.

— Он умер, — ответил папа.

— Кто?!

— Егоров... Иван Павлович.

Раньше я про Егорова ничего не слышал. И утром в тот день папа не волновался, не пел. Правда, мама с бабушкой уехали на три дня за город. Но всё равно — я бы почувствовал!

— А сколько ему было лет?

— Ну да... Это первый вопрос в таких случаях. Какая разница, сколько лет! Он должен был жить.

— А что у него было... такое?

— Ничего особенного. В том-то и дело, что ничего особенного! Операция прошла хорошо. А потом... Как бы тебе объяснить? Образовался маленький сгусточек крови... Тромб...

— Значит, ты не виноват? (Папа взглянул на меня.) То есть я не это хотел сказать. Но ведь ты всё сделал правильно?

— Он умер. А позавчера ко мне приходила его мать... Ты понимаешь?

— Значит, он молодой?

— Пятьдесят семь лет.

— И... мать?

— Ей семьдесят восемь. Но быстрая, и глаза не усталые... «Хорошо, — говорит, — что жена Ванина в санатории, а дети ихние в других городах. А то испугались бы, когда ночью этот приступ случился!» А я ещё пошутил... «Болезнь, — говорю, — на приступ пошла не страшная. Мы отобьёмся!»

— Она уже знает?..

— Я сказал ей, что операция будет дней через пять. Так меня Егоров просил. Чтобы не волновалась...

«Иван Павлович всё-таки, значит, позаботился о наркозе для своей матери», — подумал я. И спросил:

— Что ж теперь будет?

— Теперь я пойду к ней. И сам всё скажу.

— Я тоже пойду!

— Идём. Это недалеко. Во дворе кинотеатра «Заря»... Она мне сказала: «Когда Ваня придёт домой, и вы приходите!..»

Я взял папу под руку. И повёл его. Он не удивился, не вырывался. Я, значит, был ему нужен! Или просто ему было тогда всё равно.

— Она мне рассказывала о нём. Матери почти всегда делают это. Чтоб я полюбил их детей — и старался...

Папа говорил о Егорове так, будто тот был приблизительно в моём возрасте, а мать его была в возрасте моей мамы.

— Больше всего на свете матери боятся пережить детей своих, — сказал папа. — Они верят, что мы, врачи, этого не допустим. А тут, видишь, как получилось...

Я шёл и думал, почему маленький сгусточек крови оказывается сильней всех на свете.

В газетах я всегда читаю заметки, над которыми нет заголовка, а только — имя, отчество и фамилия в чёрной рамке. Я читаю о том, где человек родился, где учился, что сделал хорошего... Последняя строчка бывает примерно такой: «Он всегда останется в наших сердцах». Я читаю и думаю: «Как интересно было б узнать заранее, что о тебе скажут... потом?»

Но ещё чаще я думаю о другом: «Ну почему жизнь человека, который сделал так много хорошего, должна зависеть от какого-то тоненького сосудика? Почему?!» Когда я делюсь этими мыслями с папой, он отвечает:

— Мы вот и стараемся, чтоб не зависела...

Папа очень старается. Это я знаю.

Сейчас я думал о маленьком сгусточке крови, из-за которого всё случилось.

— Папа, скажи, пожалуйста, ты это мог предвидеть?

— Врач должен предвидеть всё, — сердито ответил он.

И всё-таки я снова задал вопрос:

— А сделать так, чтобы этого не случилось... ты мог?

— Я был обязан!

Я понял вдруг, что папа злится не на меня, а на себя самого. Этого я не мог допустить!

— Ты был обязан? Или ты мог? Скажи мне, пожалуйста...

— Ты никогда не станешь врачом, — сказал папа.

— Почему?

— Потому что всё время думаешь обо мне. То есть и о себе! Вместо того, чтобы... Да ладно! — Папа махнул рукой.

— Должен же о тебе кто-то думать, раз ты сам о себе никогда не подумаешь, — повторил я фразу, которую не раз слышал от мамы.

Мы вошли во двор. И тут выяснилось, что папа не знает номера квартиры. Он помнил только про кинотеатр, а про номер забыл.

Полный седой мужчина поливал кусты и траву. По тому, как он держал в руках шланг, я сразу понял, что он не дворник, а поливает двор по собственному желанию. Мужчина заметил, что мы оглядываемся по сторонам.

— Вам кого?

— Где тут квартира Егорова? — спросил папа.

— А-а, сына ведёте на исправление? — почему-то обрадовался мужчина. — У нас в доме, как только парень споткнётся, так его к Ивану Павловичу ведут. Имеет он к ним подход! А теперь, значит, из других домов потянулись... Он в первом подъезде живёт. На втором этаже... Квартиру не помню! Но сейчас он в больнице. — Мужчина вздохнул. Вода из шланга лилась на один и тот же куст. — Без него вон ребята стол поломали... Стойку делали. Акробаты! Мы до его возвращения чинить не будем. Пусть они ему в глаза поглядят! При нём бы не поломали. Ни за что! Уважа-ают... О цветах и кустах они будь здоров как заботятся. А почему? Иван

Павлович посадил. И яблоня эта — его... Он в первом подъезде живёт... А в какой квартире-то? — обратился он к женщине, которая тащила мимо нас сумки.

— Вы про кого?

— Про Егорова.

Женщина сразу опустила сумки на землю. Грустно так опустила, тяжело.

— Он в том подъезде живёт! Седьмая квартира. Скорей бы уж возвращался! У меня сын к математике неспособный. Так он Ивана Павловича полюбил, а потом уж (из-за него!) — математику. Четвёрки стал приносить. Я отсюда никуда не уеду. Пока сын не вырастет! Давайте я вас провожу. Мать его дома, наверно...

Мне было страшно, что папа скажет: «Ивана Павловича уже нет...» Но папа молчал. Наверно, он хотел хоть немного продлить жизнь Егорова для этих людей.

Мы пошли за соседкой. Я тащил одну её сумку, а папа другую. Она всё рассказывала:

— Тут из школы приятели приходили к сыну. Очень без Ивана Павловича соскучились. Я ведь тоже в школе училась... Помню... Когда у нас урок отменяли, мы от радости не знали куда деваться! А эти тоскуют. В больницу к нему собрались идти. Я здесь, на первом этаже... А вы поднимайтесь выше. Он там живёт!

Не глядя, она ткнула пальцем в кнопку звонка. Дверь ей открыла соседка — ужасно какая-то недовольная и озабоченная.

— Что же вы ключи с собой не берёте? От дел отрываете...

— Тут вот люди квартиру Ивана Павловича ищут, — зачем-то сообщила женщина с сумками.

Соседка заулыбалась, словно ей было стыдно перед людьми, которые ищут его квартиру.

— Иван Павлович над нами живёт. Прямо над нами!

Мы стали подниматься... Медленно, будто считали ступени или были после какой-нибудь тяжёлой болезни.

«Живёт... Живёт... Живёт!.. — стучало у меня в ушах. — Живёт...»

1969—1972 гг.

В. Д. Берестов

* * *

Любили тебя
Без особых причин
За то, что ты — внук,
За то, что ты — сын,
За то, что малыш,
За то, что растёшь,
За то, что на папу
И маму похож.
И эта любовь
До конца твоих дней
Останется
Тайной опорой твоей.

ЛИТЕРАТУРНЫЕ ЧТЕНИЯ

1. Трудно быть взрослым? На этот вопрос даёт ответ Анатолий Георгиевич Алексин. Как и что он об этом рассказывает?

Дети в семье могут быть товарищами, друзьями старших? Перечитай рассказ, проследи за мыслями, поступками, переживаниями мальчика и ответь на этот вопрос.

Расскажи о людях той поры, об их отношениях к долгу, доброте; кто и что им дорого?

Обрати внимание на годы создания произведения. Это рассказ о твоих дедушках и бабушках, о детских годах мамы и папы.

Стихи В. Д. Берестова о детях или о взрослых? Почему их стоит прочитать после рассказов о старших и очень близких каждому ребёнку людях — маме и папе?

2. Глядеть на мир и узнавать людей помогут тебе писатели. Читая их книги, рассуждай, как живут, дружат, огорчаются, радуются дети и взрослые.

Гайдар А. П. Голубая чашка.

Драгунский В. Ю. Девочка на шаре.

Коваль Ю. И. Картофельная собака.

Паустовский К. Г. Заячьи лапы.

Яковлев Ю. Я. У человека должна быть собака. Мой знакомый бегемот. Борька.

И. М. Пивоварова

РАССКАЗЫ ЛЮСИ СИНИЦЫНОЙ, УЧЕНИЦЫ ТРЕТЬЕГО КЛАССА

Селивёрстов не парень, а золото!

Селивёрстова в классе не любили. Он был противный.

У него уши красные были и торчали в разные стороны. Он тощий был. И злой. Такой злой, ужас!

Однажды он меня чуть не убил!

Я в тот день была дежурной санитаркой по классу. Подошла к Селивёрстову и говорю:

— Селивёрстов, у тебя уши грязные! Ставлю тебе двойку за чистоту.

Ну что я такого сказала?! Так вы бы на него посмотрели!

Он весь побелел от злости. Кулаки сжал, зубами заскрипел... И нарочно, изо всей силы, как наступит мне на ногу!

У меня нога два дня болела. Я даже хромала.

С Селивёрстовым и до этого никто не дружил, а уж после этого случая с ним вообще весь класс перестал разговаривать. И тогда он знаете что сделал? Когда во дворе мальчишки стали играть в футбол, взял и проткнул футбольный мяч перочинным ножом.

Вот какой был этот Селивёрстов!

С ним даже за одной партой никто не хотел сидеть! Бураков сидел, а потом взял и отсел.

А Сима Коростылёва не захотела с ним в пару становиться, когда мы в театр пошли. И он её так толкнул, что она прямо в лужу упала!

В общем, вам теперь ясно, какой был это человек. И вы, конечно, не удивитесь, что, когда он заболел, никто и не вспомнил о нём.

Через неделю Вера Евстигнеевна спрашивает:

— Ребята, кто из вас был у Селивёрстова?

Все молчат.

— Как, неужели за всю неделю никто не навестил больного товарища?! Вы меня удивляете, ребята! Я вас прошу сегодня же навестить Юру!

После уроков мы стали тянуть жребий, кому идти. И конечно, выпало мне!

Дверь мне открыла женщина с утюгом.

— Ты к кому, девочка?

— К Селивёрстову.

— А-а, к Юрочке? Вот хорошо! — обрадовалась женщина. — А то он всё один да один.

Селивёрстов лежал на диване. Он был укрыт вязаным платком. Над ним к дивану была приколота салфетка с вышитыми розами. Когда я вошла, он закрыл глаза и повернулся на другой бок, к стене.

— Юрочка, — сказала женщина, — к тебе пришли.

Селивёрстов молчал.

Тогда женщина на цыпочках подошла к Селивёрстову и заглянула ему в лицо.

— Он спит, — сказала она шёпотом. — Он совсем ещё слабый!

И она наклонилась и ни с того ни с сего поцеловала этого своего Селивёрстова.

А потом она взяла стопку белья, включила утюг и стала гладить.

— Подожди немножко, — сказала она мне. — Он скоро проснётся. Вот обрадуется! А то всё один да один. Что же это, думаю, никто из школы не зайдёт?

Селивёрстов зашевелился под платком.

«Ага! — подумала я. — Сейчас я всё скажу! Всё!»

Сердце у меня забилось от волнения. Я даже встала со стула.

— А знаете, почему к нему никто не приходит?

Селивёрстов замер.

Мама Селивёрстова перестала гладить.

— Почему?

Она глядела прямо на меня. Глаза у неё были красные, воспалённые. И морщин довольно много на лице. Наверное, она была уже немолодая женщина... И она смотрела на меня так... И мне вдруг стало её жалко. И я забормотала непонятно что:

— Да вы не волнуйтесь!.. Вы не подумайте, что вашего Юру никто не любит! Наоборот, его очень даже любят! Его все так уважают!..

Меня пот прошиб. Лицо у меня горело. Но я уже не могла остановиться.

— Просто нам столько уроков задают — совсем нету времени! А ваш Юра ни при чём! Он даже очень хороший! С ним все хотят дружить! Он такой добрый! Он просто замечательный!

Мама Селивёрстова широко улыбнулась и снова взялась за утюг.

— Да, ты права, девочка — сказала она. — Юрка у меня не парень, а золото!

Она была очень довольна. Она гладила и улыбалась.

— Я без Юры как без рук, — говорила она. — Пол он мне не даёт мыть, сам моет. И в магазин ходит. И за сестрёнками в детский сад бегает. Хороший он! Правда хороший!

И она обернулась и с нежностью посмотрела на своего Селивёрстова, у которого уши так и пылали.

А потом она заторопилась в детский сад за детьми и ушла. И мы с Селивёрстовым остались одни.

Я перевела дух. Без неё мне было как-то спокойнее.

— Ну вот что, хватит придуриваться! — сказала я. — Садись к столу. Я тебе уроки объяснять стану.

— Проваливай, откуда пришла, — донеслось из-под платка.

Ничего другого я и не ждала.

Я раскрыла учебник и затараторила урок.

Я нарочно тараторила изо всех сил, чтобы побыстрее кончить.

— Всё. Объяснила! Вопросы есть?

Селивёрстов молчал.

Я щёлкнула замком портфеля и направилась к дверям. Селивёрстов молчал. Даже спасибо не сказал. Я уже взялась за ручку двери, но тут он опять завозился под своим платком.

— Эй, ты... Синицына...

— Чего тебе?

— Ты... это...

— Да чего тебе, говори скорее!

— ...Семечек хочешь? — вдруг выпалил Селивёрстов.

— Чего? Каких семечек?!

— Каких-каких... Жареных!

И не успела я и слова сказать, как он выскочил из-под платка и босиком побежал к шкафу.

Он вынул из шкафа пузатый ситцевый мешочек и стал развязывать верёвку. Он торопился. Руки у него дрожали.

— Бери, — сказал он.

На меня он не глядел. Уши у него горели малиновым огнём.

Семечки в мешке были крупные, одно к одному. В жизни я таких семечек не видала!

— Чего стоишь? Давай бери! У нас много. Нам из деревни прислали.

И он наклонил мешок и как сыпанёт мне в карман прямо из мешка! Семечки дождём посыпались мимо.

Селивёрстов охнул, кинулся на пол и стал их собирать.

— Мать придёт, ругаться будет, — бормотал он. — Она мне вставать не велела...

Мы ползали по полу и собирали семечки. Мы так торопились, что два раза стукнулись головами. И как раз когда мы подняли последнее семечко, в замке звякнул ключ...

Всю дорогу домой я щупала шишку на голове, грызла семечки и смеялась:

«Ну и чудак этот Селивёрстов! И не такой уж он и тощий! А уши — уши у всех торчат! Подумаешь, уши!»

Целую неделю ходила я к Селивёрстову.

Мы писали упражнения, решали задачи. Иногда я бегала в магазин за хлебом, иногда в детский сад.

— Хорошая у тебя подружка, Юра! Что же ты мне раньше о ней ничего не рассказывал? Мог бы давно нас познакомить!

Селивёрстов выздоровел.

Теперь он стал приходить ко мне делать уроки. Я познакомила его с мамой. Маме Селивёрстов понравился.

И вот что я вам скажу: не такой уж он в самом деле плохой, Селивёрстов!

Во-первых, он теперь учится хорошо, и Вера Евстигнеевна его хвалит.

Во-вторых, он больше ни с кем не дерётся.

В-третьих, он научил наших мальчишек делать змея с хвостом.

А в-четвёртых, он всегда ждёт меня в раздевалке, не то что Люська!

И я всем так говорю:

— Вот видите, вы думали, Селивёрстов плохой. А Селивёрстов хороший! Селивёрстов не парень, а золото!

ЛИТЕРАТУРНЫЕ ЧТЕНИЯ

Ирина Михайловна Пивоварова рассказала о жизни обычной девочки — твоей сверстницы. Хочешь познакомиться с ней поближе? Возьми в библиотеке эту книгу и узнаешь ещё много интересного о ребятах прошлого века.

Продолжение истории Люси Синицыной и её друзей ты найдёшь в повести И. М. Пивоваровой «Верная собака Уран».

ПЕСЕНКА ПРО ЧИБИСА

Слова А. Пришельца
Музыка М. Иорданского

У дороги чибис,
У дороги чибис,
Он кричит, волнуется, чудак:
— А скажите, чьи вы?
А скажите, чьи вы?
И зачем, зачем идёте вы сюда?

— Не кричи, крылатый,
Не тревожься зря ты,
Не войдём мы в твой
зелёный сад.
Видишь: мы — ребята,
Мы — друзья пернатых,
Мы твоих, твоих не тронем чибисят.

Небо голубое,
Луг шумит травою —
Тут тропу любую выбирай!
Это нам с тобою,
Всем нам дорогое —
Это наш родной, родной, любимый край.

И когда цветёт он,
И когда зовёт он —
Мы уходим в дальние пути:
По степным широтам,
Через речки бродом
Всю страну, страну нам хочется пройти.

Весело. Подвижно
mf A E7
У до-ро-ги чи-бис, у до-ро-ги
A C# C#-5 F#
чи-бис, он кри-чит, вол-ну-ет-ся, чу-дак:
Hm Hm7 E7 A D D#-5
– А ска-жи-те, чьи вы? А ска-жи-те, чьи вы? И за-
A/E Hm-5 7/E E9 A
-чем, за-чем и-дё-те вы сю-да?
Hm Hm7 E7 A D D#-5
А ска-жи-те, чьи вы? А ска-жи-те, чьи вы? И за-
A/E Hm-5 7/E E9 A
-чем, за-чем и-дё-те вы сю-да?

ДЕТСТВО — ЭТО Я И ТЫ!

Слова М. Пляцковского
Музыка Ю. Чичкова

Детство, детство, детство — это свет и радость,
Это — песни, это — дружба и мечты.
Детство, детство, детство — это краски радуг,
Детство, детство, детство — это я и ты.

Припев:

Все люди на большой планете
Должны всегда дружить.
Должны всегда смеяться дети
И в мирном мире жить!
Должны смеяться дети,
Должны смеяться дети,
Должны смеяться дети
И в мирном мире жить!

Ярко-ярко пусть пылают лишь рассветы,
Ночью звёздной пусть спокойно спят поля...
Детство, детство добротой не зря согрето,
Детство, детство — завтрашний
твой день, земля!

Припев.

Детство, детство, детство — это летний ветер,
Парус неба и хрустальный звон зимы.
Детство, детство, детство — это значит дети,
Дети, дети, дети — это значит мы!

Припев.

ЛИТЕРАТУРНАЯ СПРАВКА

Читайте! И пусть в вашей жизни не будет ни одного дня, когда бы вы не прочли хоть одной странички из новой книги!

К. Г. Паустовский

Алексин Анатолий Георгиевич	р. 1924
Барто Агния Львовна	1906—1981
Берестов Валентин Дмитриевич	1928—1998
Бианки Виталий Валентинович	1894—1959
Дик Иосиф Иванович	1922—1984
Заходер Борис Владимирович	1918—2000
Исаковский Михаил Васильевич	1900—1973
Каверин Вениамин Александрович	1902—1989
Ковáль Юрий Иосифович	1938—1995
Маршак Самуил Яковлевич	1887—1964
Михалков Сергей Владимирович	р. 1913
Мошковская Эмма Эфраимовна	1926—1981
Пантелеев Л. (Еремеев Алексей Иванович)	1908—1988
Паустовский Константин Георгиевич	1892—1968
Пермяк Евгений Андреевич	1902—1982
Пивоварова Ирина Михайловна	1939—1986
Пришвин Михаил Михайлович	1873—1954
Сеф Роман Семёнович	р. 1931
Тайц Яков Моисеевич	1905—1957
Твардовский Александр Трифонович	1910—1971

СОДЕРЖАНИЕ

РОДИМЫЙ КРАЙ, РОДНАЯ СТОРОНА

Писатели о Родине, Отчизне, родном крае

ВСЁ НАЧИНАЕТСЯ С ДЕТСТВА...

Отечественная литература XX века

Учебное издание

ЧТЕНИЕ И ЛИТЕРАТУРА

3 класс

Учебник

В трёх частях

Часть 3

Автор-составитель
Джежелей Ольга Валентиновна

Зав. редакцией *С. В. Степанова*
Ответственный редактор *А. В. Рассказова*
Оформление *Т. Е. Добровинская-Владимирова*
Художники *О. В. Барвенко, Т. М. Войтенко,*
Н. П. Седулина, Н. В. Красовитова, М. М. Мордвинцева
Художественный редактор *Е. П. Кузнецова*
Макет и компьютерная верстка *М. В. Биденко*
Корректор *Л. А. Малинина*
Цветоделение *О. А. Молочков, А. Е. Косых*

Санитарно-эпидемиологическое заключение
№ 77.99.24.953.Д.006499.07.06 от 26.07.2006.
Подписано к печати 25.06.07. Формат $70\times90^{1}/_{16}$.
Бумага офсетная. Гарнитура «Школьная». Печать офсетная.
Усл. печ. л. 8,19. Тираж 10 000 экз. Заказ № 17669 (П+Гз).

ООО «Дрофа». 127018, Москва, Сущевский вал, 49.

Предложения и замечания по содержанию и оформлению книги просим направлять в редакцию общего образования издательства «Дрофа»: 127018, Москва, а/я 79. Тел.: (495) 795-05-41. E-mail: chief@drofa.ru

По вопросам приобретения продукции издательства «Дрофа» обращаться по адресу:
127018, Москва, Сущевский вал, 49.
Тел.: (495) 795-05-50, 795-05-51. Факс: (495) 795-05-52.

Торговый дом «Школьник».
109172, Москва, ул. Малые Каменщики, д. 6, стр. 1А.
Тел.: (495) 911-70-24, 912-15-16, 912-45-76.

Сеть магазинов «Переплетные птицы».
Тел.: (495) 912-45-76.

Интернет-магазин: http://www.drofa.ru

ОАО «Смоленский полиграфический комбинат».
214020, г. Смоленск, ул. Смольянинова, 1.